Gastronomia solidária

"Fazendo receitas de sonhos que encantam"

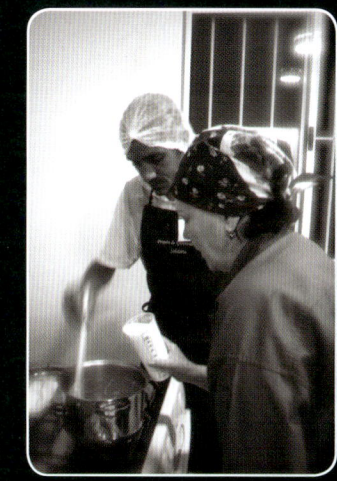

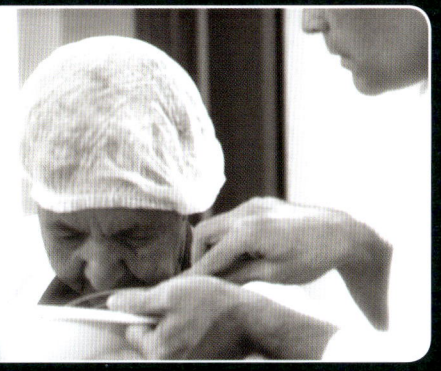

texto&design
e-mail – textoedesign3@gmail.com

Participar da edição deste livro foi um trabalho prazeroso para toda a equipe da texto&design. Toda a equipe da editora está de alguma forma ligada à gastronomia e a projetos sociais diversos.

Ricardo Castilho – diretor editorial da Prazeres da Mesa, principal revista de gastronomia brasileira. Escreve sobre gastronomia há 24 anos.

André Clemente – diretor de Arte da Prazeres da Mesa e artista plástico de raro talento. Seus quadros, de traços contemporâneos, são apaixonantes.

Claudia Esquilante – uma das criadoras do projeto de Prazeres da Mesa, é titular da coluna Bazar da revista e dona de olhar visual aguçado.

Ricardo D'Angelo – seus cliques tornam os pratos ainda mais apetitosos. Totinha, como é carinhosamente chamado, é desses raros profissionais que topam qualquer parada para aprimorar o seu trabalho.

EDITORA MELHORAMENTOS

Gastronomia solidária: fazendo receitas de sonhos que encantam. / [coordenação Sandra Simões; fotos de Ricardo D'Angelo, André Peniche] – São Paulo: Editora Melhoramentos, 2010.

Contém receitas dos chefs Ana Luiza Trajano, Benê Ricardo, Carlos Ribeiro, Dijanira Trindade, Ida Maria Frank, Lúcia V.Verginelli, Paulo Pereira, Rodrigo Oliveira e do Frei Betto.
ISBN 978-85-06-06437-5

1. Receitas culinárias. I. Andrade, Sandra Regina Simões. II. D'Angelo, Ricardo. III. Peniche, André.

CDD-641.5

Índices para catálogo sistemático:
1. Culinária – Receitas   641.5
2. Nutrição – Receitas culinárias 641.5
3. Gastronomia   641.5

Edição revisada conforme o Acordo Ortográfico da Língua Portuguesa
Saiba o que mudou na ortografia brasileira com o *Michaelis Guia Prático da Nova Ortografia*, do Professor Douglas Tufano, no site www.livrariamelhoramentos.com.br.

© 2010 Sandra Simões
Direitos de publicação:
© 2010 Editora Melhoramentos Ltda.
1.ª edição pela Melhoramentos, novembro de 2010
ISBN: 978-85-06-06437-5

Atendimento ao consumidor:
Caixa Postal 11541 – CEP 05049-970
São Paulo – SP – Brasil
Tel.: (11) 3874-0880
www.editoramelhoramentos.com.br
sac@melhoramentos.com.br

Impresso no Brasil
Cromosete

Há mais de 35 anos, o Colégio Pentágono escreve sua história, com uma equipe de profissionais de qualidade e comprometida com um ensino amplo, que combina excelência acadêmica e responsabilidade social e ambiental, infraestrutura planejada e recursos modernos de tecnologia educacional.

O Colégio Pentágono é um espaço que fala, que brinca, que canta, que joga, que ensina, que prima pela formação do aluno como protagonista do saber.

Entendendo que a missão da escola é contribuir para o desenvolvimento socioeconômico de nosso país e que educar é um ato de responsabilidade pelo mundo, o Colégio Pentágono, ao lado de mães, alunos e professores voluntários, participa da realização deste projeto, que proporciona oportunidades educativas e de lazer a crianças carentes.

www.colegiopentagono.g12.br

Sumário

Parceiros	8
Agradecimentos	9
Receita do Bolo Solidário - Frei Betto	12
O Nascimento de um Sonho	16
Alunos	18
Ana Luiza Trajano	20
Restaurante Brasil a Gosto	
Benê Ricardo	30
Buffet & Eventos Benê	
Carlos Ribeiro	36
Restaurante Na Cozinha	
Dijanira Trindade	42
Arte em Bolos	
Ida Maria Frank	46
Restaurante Due Cuochi Cucina	
Lúcia Velloso Verginelli	52
Buffet Luana Gastronomia e Eventos	
Paulo Pereira	66
Restaurante e Doceria Di Cunto	
Rodrigo Oliveira	76
Restaurante Mocotó	

Índice de receitas

Arroz de forno	32
Avestruz à bourguignonne	54
Baião de dois	80
Beiju crocante com creme de siri e coco	26
Bem-casado de cortar	44
Bolinho de tapioca com queijo de coalho	80
Bolo de amendoim	33
Bombocado de aipim com baba de moça	34
Brandade de bacalhau	74
Caldo de mocotó	82
Canapé de banana-da-terra	24
Cartola	40
Creme de abóbora com roquefort	58
Croquetes de arroz e salsicha	40
Delícia de coco	34
Escabeche de berinjela	35
Escalope de foie gras ao molho de cerveja preta	62
Escalope de filé-mignon	35
Escondidinho de carne-seca	82
Espaguete al sugo	72
Fettuccine de pupunha	56
Filé de pescada à jangadeiro	33
Lasanha de berinjela	68
Magret de pato com figo poché	64
Maria-mole com baba de moça	29
Miolo de alcatra grelhada	29
Panna cotta	48
Panqueca de mandioquinha recheada com salmão e molho de shimeji	32
Pescada amarela com erva e arroz de cuxá	24
Pudim de tapioca com calda de coco	84
Risoto de carne-seca com abóbora	78
Rubacão	40
Salada caprese	68
Salada de abóbora	28
Semifreddo de chocolate com creme inglês	60
Sopa de cebola	54
Tagine de cordeiro	50
Torresmo defumado	78
Truta à la Di Cunto	72
Zabaione de prosecco	60

Agradecimentos especiais

• Agradecemos ao nosso grande e verdadeiro amigo, Frei Carlinhos, que sempre se fez presente quando precisamos, partilhando conosco momentos alegres, difíceis, de trabalho e de conquistas.

• Aos Frades Dominicanos da Paróquia São Domingos de Perdizes

• Horst Kissmann – formado em gastronomia pela Universidade Anhembi Morumbi, resolveu apostar suas fichas no jornalismo.

Foi peça importante neste projeto.

• Ruth Figueredo – exemplo para os mais jovens de como um profissional deve ser. Responsável, competente e sempre de bem com a vida.

• A Vox Editora também é parceira do projeto, contribuindo de maneira expressiva na primeira edição deste livro.

• Fernando Aurélio de Paula Andrade

• Ricardo D'Angelo – Fotógrafo

• André Peniche – Fotógrafo

• Horst Kissmann – Texto

• Rodrigo Louzas e Caio Mistura – Arte

• Ana Paula Kuntz

• Raquel Sena

• texto&design Editora

Agradecemos também o valioso apoio

- Up Uniformes
- Roar – Material Promocional
- Ag Prata
- Di Cunto
- Vinícola Salton
- TelePhoto – A Oficina da Imagem
- Malu Siqueira – Ceramista
- Matheus de Castilho Arcalá
- Maria Goretti de Castilho Arcalá
- Sérgio Gomes da Silva Junior
- Kal Oliver
- Sandra Fersi
- Solange Morandi
- Bruno Simões
- Lucas Simões

Agradeço em primeiro lugar ao Divino Espírito Santo, que colocou em mim a luz para que surgisse a ideia do Projeto Gastronomia Solidária. A meus pais, outra fonte de sabedoria à qual devo grande parte do que sou, de como penso e costumo agir com as pessoas, exemplo de amor, humildade e solidariedade. Esse tripé foi sempre a base de toda a minha educação e formação familiar. A minha família agradeço a compreensão, a paciência e o carinho que tiveram comigo durante todo esse processo de elaboração e execução deste projeto.

A meus amigos agradeço o apoio, a continência e a ajuda nos momentos em que tanto precisei deles. E a todos aqueles que de forma direta ou indireta contribuíram, prestigiando, torcendo e efetivamente trabalhando para que esse sonho pudesse se tornar realidade.

Acredito no Projeto Gastronomia Solidária porque ele é a prova de que, com a soma de várias forças, chegamos ao consenso de que o "amor" tudo pode.

Sandra Simões

Receita de bolo solidário

Por Frei Betto

ingredientes

- 1 coração com amor aos excluídos
- Vontade de reduzir a desigualdade social
- Doses de consciência solidária
- 2 horas semanais de disponibilidade
- 1 boa pitada de paciência pedagógica

modo de fazer

1 Reúna, em esforço comunitário, chefs dotados dos ingredientes acima citados; insira-os no Projeto Gastronomia Solidária*. **2** Mantenha-os sob a supervisão de uma pessoa dedicada, como Sandra Simões Andrade. **3** Adicione a essa equipe um grupo de moradores de rua; selecione aqueles que se interessem por culinária. **4** Leve-os periodicamente a uma sala onde haja fogão, pia e equipamentos de cozinha, como acontece no salão comunitário da Paróquia São Domingos, dos frades dominicanos, em São Paulo. **5** Pergunte aos moradores de rua o que gostariam de comer: lembranças da infância, comida familiar, um prato inesquecível... Ponha-os a aprender a fazer o prato com um dos chefs. **6** Fique atento: pode ser que um dos alunos se interesse por trabalhar em restaurante e, assim, mudar de vida. **7** Aqueça em afetuoso espírito de cidadania e respeito ao outro. **8** Reparta o Bolo Solidário entre corações famintos de dignidade e justiça.

* Os seguintes chefs tornaram realidade o Projeto Gastronomia Solidária 2008: **Ida Maria Frank** (Restaurante Due Cuochi Cucina); **Ana Luiza Trajano** (Restaurante Brasil a Gosto); **Paulo Pereira** (Restaurante e Doceria Di Cunto); **Lúcia Velloso Verginelli** (Buffet Luana Gastronomia e Eventos); **Rodrigo Oliveira** (Restaurante Mocotó); **Carlos Ribeiro** (Restaurante Na Cozinha); **Dijanira Trindade** (Arte em Bolos) e **Benê Ricardo** (Buffet & Eventos Benê, chef homenageada), presta assessoria à Casa Santa Luzia e a outros restaurantes.

Frei Betto é escritor, autor de *Comer como um Frade – Divinas receitas para quem sabe por que temos um céu na boca* (José Olympio), entre outros livros.

PAVÊ DA INCLUSÃO SOCIAL

Por Sandra de Fátima Corsi de Oliveira

- 10 kg de carinho
- 5 kg de compreensão
- 20 kg de caridade
- 200 kg de paciência
- 100 kg de amor ao próximo
- 20 kg de dedicação
- 150 kg de vontade de mudança

1 Misture todos os ingredientes bem lentamente. **2** Coloque autoestima, generosidade e humildade a gosto. **3** Lance esses ingredientes no forno da paixão; em pouco tempo, você terá uma nova receita, saborosa, distinta e diferenciada das demais, ou seja: sairá do forno um novo ser humano, com vistas a um melhor futuro próximo, com determinação, garra e força de vontade.

O nascimento de um sonho

Por Sandra Regina Simões de Andrade

Como psicóloga formada em 1987, minha atuação na área clínica foi sempre focada no atendimento a gestantes, dando curso de preparação às mulheres e a casais, na busca de vivenciarem da melhor forma essa nova etapa de sua vida.

Após o nascimento de meu segundo filho, optei por interromper a carreira para dedicar-me à família, priorizando a formação e a educação dos filhos. Até que há cerca de três anos, a convite do frei dominicano Carlinhos, fui conhecer o trabalho desenvolvido pela Pastoral do Sopão da Paróquia São Domingos. Desde então, comecei a trabalhar como voluntária nessa pastoral.

Tudo foi acontecendo aos poucos. Comecei observando o público assistido pela pastoral e, a partir daí, surgiram meus questionamentos de como poderia atuar de forma mais efetiva junto àquelas pessoas. Não me contentando apenas em ajudar na produção das refeições, que são feitas e oferecidas a eles todas as segundas-feiras, decidi fazer um trabalho com as gestantes, ministrando àquelas meninas o curso que sempre desenvolvi em consultório com minhas pacientes.

A experiência foi muito rica e motivante, tanto que me fez ter um *insight* de como poderia desenvolver um trabalho com maior abrangência, oferecendo chances de atender a um número maior de pessoas. Assim, surgiu o Projeto Gastronomia Solidária. O desejo de desenvolver, elaborar e executar essa ideia aconteceu em razão do convívio e da experiência com essas pessoas semanalmente. O grupo que aceitou participar dessa experiência foi relativamente pequeno em termos de número, no entanto, grandioso no tocante ao compromisso com o trabalho assumido, o que representa um grande avanço, pensando que esse público é constituído de pessoas que, em geral, não apresentam facilidade em lidar com regras nem tampouco com limites.

As trocas de experiências foram grandes, pois o que a princípio tinha como objetivo principal ajudar aquelas pessoas passou a ser aos poucos uma forma de vivenciar grandes emoções, levando todos os participantes do projeto a crescer como seres humanos e perceber que podemos aprender uns com os outros. Com boa vontade, amor ao próximo e determinação, desenvolvemos juntos a "receita" para que o prato principal fosse um "sucesso", satisfazendo a muitas pessoas.

Dessa forma concluiu-se que, com o Gastronomia Solidária, pode-se, sim, fazer receitas de sonhos que encantam.

Tenham todos um Bom Apetite!

Alunos

Maria da Conceição Neves
Com mais de 80 anos, orgulha-se de ser saudável e ter muita disposição para ficar perto das panelas. Na verdade, Maria cozinha desde os seis anos de idade. Gosta de aprender e de ensinar.

Paulo Ricardo da Silva Santos
Começou como frequentador da Pastoral do Sopão todas as segundas-feiras; depois, passou a ajudar as voluntárias lavando as panelas, até que foi convidado a participar deste projeto. Com desempenho muito satisfatório, foi um dos alunos mais dedicados e o primeiro a conseguir emprego. Hoje, é funcionário de uma rede de padarias e usa o que aprendeu. Ele está no rumo certo.

Sandra de Fátima C. de Oliveira
Uma tragédia familiar aconteceu na vida de Sandra. Em um único ano, sete pessoas de sua família faleceram. Indicaram-lhe as aulas, onde haveria comida. Num primeiro momento, Sandra ficou reticente, achava que fosse um "curso de mulherzinha", mas aceitou participar mesmo não gostando muito de cozinhar. Seu maior objetivo era, com isso, trabalhar para comprar um colchão e roupas novas.

Gabriel Mendes da Silva
Companheiro de uma aluna, Gabriel

começou a frequentar o espaço por causa da quadra de futebol. Para incentivar sua companheira a continuar com as aulas, e como também gosta de cozinhar, topou entrar no grupo para aprender novas técnicas. Assistia à chef Benê Ricardo pela televisão e a achava simpática e extrovertida, o que pôde comprovar de perto. Inspirou-se tanto que acabou criando um *rap* em que colocou todos os chefs na letra, ressaltando o forte de cada um.

Arthur Cézar Abrangel

Morador de rua, Arthur gostava de cozinhar para si mesmo quando ainda tinha casa; hoje, morando em albergues da cidade, resolveu aprender mais sobre o assunto para cozinhar para os outros. Aluno dedicado, conseguiu emprego no restaurante de um dos chefs participantes. "Agora, conseguirei dinheiro para poder provar de tudo o que vejo na televisão", diz Arthur.

Mércio Patricio Alves Santos

Vendedor de sacos de lixo, ele quer voltar à sociedade ocupando seu tempo dentro de um restaurante, lavando, picando e tornando-se um bom cidadão. "Nunca havia visto ou provado um prato gostoso assim", comenta o aluno que gostou muito de conhecer os chefs, que lhe ensinaram algo de bom que o levará para dentro da cozinha.

Ana Luiza Trajano

Ana Luiza Trajano é a chef-proprietária do premiado restaurante Brasil a Gosto, um dos melhores do país, que, a cada refeição, ajuda a resgatar a cultura da culinária brasileira. Neta de nordestinos, interiorana de Franca, SP, desde menina não esconde a paixão e a curiosidade pela culinária brasileira e suas raízes. Estudou gastronomia na Itália e viajou seis meses por todo o Brasil para pesquisar, na própria fonte, as características da culinária local. É a idealizadora do Projeto Saberes do Brasil, que inclui um livro, o restaurante Brasil a Gosto e um documentário. O principal objetivo de Ana Luiza é divulgar a rica cultura gastronômica brasileira. A missão de seu restaurante é valorizar a alma brasileira e a nobreza do servir por meio da integração da gastronomia, da arte e da cultura, adicionando a experiência no Brasil.

"Foi maravilhoso participar do Projeto Gastronomia Solidária, ficamos gratos pelo convite e pelo carinho que recebemos de cada aluno", diz Ana Luiza. "Parabenizamos a todos que contribuíram para torná-lo uma realidade."

Pescada amarela com erva e arroz de cuxá

5 porções

pescada amarela
- 5 postas (200 g cada uma) de pescada amarela
- Sal e pimenta a gosto

manteiga de jambu
- 65 g de manteiga sem sal
- 20 g de jambu
- Sal e pimenta a gosto

vagem e erva João Gomes
- 250 g de vagem
- 50 g de erva João Gomes
- 15 ml de azeite
- Sal grosso, sal refinado e pimenta a gosto

arroz de cuxá
- 500 g de arroz pré-cozido aquecido
- 100 g de camarão seco dessalgado
- 100 g de cebola
- 10 g de gergelim torrado
- 100 ml de caldo de vinagreira
- Sal e pimenta a gosto

pescada amarela

1 Tempere a pescada com sal e pimenta. **2** Em uma panela preaquecida, coloque o azeite extravirgem e grelhe a pescada dos dois lados.

manteiga de jambu

1 Junte todos os ingredientes e misture no processador. **2** Coloque em um recipiente e mantenha refrigerada.

vagem e erva João Gomes

1 Refogue a vagem pré-cozida em água com sal grosso em uma frigideira com azeite extravirgem. **2** Acrescente a erva João Gomes e misture. **3** Tempere com sal e pimenta a gosto.

arroz de cuxá

1 Doure a cebola, adicione os demais ingredientes e refogue bem.

montagem

1 Coloque em um prato a vagem e a erva João Gomes sob a pescada. **2** Sirva, separado, o arroz de cuxá.

Canapé de banana-da-terra

5 porções
- 250 g de queijo de minas cremoso
- 25 g de geleia de pimenta
- 40 rodelas finas de banana-da-terra
- 40 unidades de torrada tipo canapé
- Azeite extravirgem, sal e pimenta a gosto

1 Tempere o queijo com sal e pimenta, misture bem e coloque em um saco de confeiteiro. **2** Doure as rodelas de banana no azeite. **3** Coloque um pouco do queijo sobre as torradas e por cima uma rodela de banana. **4** Finalize com um pingo de geleia de pimenta.

Beiju crocante com creme de siri e coco

5 porções

- 500 g de creme de siri
- 50 beijus de tapioca
- 5 pimentas dedo-de-moça (para decorar)

creme de siri

- 150 g de coco ralado
- 100 g de siri limpo
- 20 g de tomate sem pele e sem sementes
- 20 g de castanha-do-pará picada
- 10 g de cebolinha picada
- 10 g de gengibre ralado
- 5 g de pimentão sem pele e sem sementes
- 700 ml de leite de coco
- 70 ml de creme de leite fresco
- 6 ml de azeite extravirgem
- 1 cebola pequena cortada em cubos
- 1 dente de alho amassado
- 1 pimenta dedo-de-moça
- Sal e pimenta a gosto

1 Em uma panela preaquecida, coloque o azeite extravirgem, doure a cebola e o alho. **2** Acrescente os demais ingredientes e cozinhe por cerca de 15 minutos. **3** Em outra panela, junte o leite de coco e o creme de leite; ferva e adicione aos demais ingredientes. **4** Cozinhe por mais 10 minutos.

Ana Luiza Trajano

Salada de abóbora

5 porções

- 150 g de palmito pupunha laminado
- 150 g de agrião
- 120 g de abóbora laminada
- 75 g de queijo Serra da Canastra
- 50 ml de vinagrete de melaço de cana
- Sal e pimenta a gosto

vinagrete de melaço de cana

- 150 g de melaço de cana
- 400 ml de aceto balsâmico
- 200 ml de azeite extravirgem

vinagrete de melaço de cana

1 Leve o aceto balsâmico ao fogo brando e reduza um pouco. Retire e deixe esfriar. **2** Misture aos demais ingredientes.

montagem

1 Tempere todos os ingredientes com sal e pimenta. **2** Acrescente o vinagrete e decore com as lâminas de queijo. **3** Disponha no centro do prato procurando dar o máximo de volume nas folhas.

Miolo de alcatra grelhada

5 porções

- 800 g de alcatra
- 400 g de quirela
- 80 ml de molho de tamarindo
- 80 ml de molho de pimenta
- 1 ramo de salsinha

molho de tamarindo

- 300 g de polpa de tamarindo
- 50 g de manteiga sem sal
- 50 g de cebola picada
- 5 g de açúcar mascavo
- 1 litro de caldo de carne
- 500 ml de caldo de legumes
- 50 ml de vinho branco
- 1 dente de alho picado
- 1 ramo de tomilho
- Sal e pimenta a gosto

quirela

- 400 g de quirela cozida
- 150 g de queijo de coalho ralado
- 10 g de cebolinha picada
- 80 ml de azeite extravirgem
- 1/2 cebola picada
- Sal e pimenta a gosto

molho de tamarindo

1 Doure a cebola e o alho em uma panela com manteiga. **2** Acrescente a polpa de tamarindo, o caldo de carne, o caldo de legumes e os demais ingredientes. **3** Cozinhe por 30 minutos, peneire e reserve.

quirela

1 Cozinhe a quirela em uma panela com água quente. **2** Quando estiver cozida, retire do fogo e deixe esfriar. **3** Junte o queijo ralado, o sal, a pimenta, a cebolinha e a cebola. **4** Doure em uma frigideira com azeite.

montagem

1 Grelhe a carne e coloque um pouco de sal. **2** No centro do prato, coloque a quirela e o miolo de alcatra ao lado. **3** Regue com o molho de tamarindo e decore com a salsinha.

Maria-mole com baba de moça

5 porções

- 200 g de baba de moça
- 100 g de coco fresco laminado
- 2 caixas de maria-mole

baba de moça

- 200 g de açúcar refinado
- 150 ml de leite de coco
- 100 ml de água
- 6 gemas peneiradas

crocante de castanha-do-pará

- 200 g de açúcar refinado
- 150 g de castanha-do-pará

baba de moça

1 Coloque o açúcar e a água em uma panela e cozinhe em fogo brando até atingir o ponto de fio; reserve. **2** Peneire as gemas e bata na batedeira. **3** Acrescente o leite de coco e coloque em um *bowl*. **4** Cozinhe em banho-maria até engrossar.

crocante de castanha-do-pará

1 Em uma panela, coloque o açúcar até que ele vire um caramelo, então, adicione as castanhas. **2** Despeje em uma assadeira e leve ao forno por 5 minutos. **3** Deixe esfriar e quebre-o em pequenos pedaços.

montagem

1 Prepare a maria-mole conforme as instruções da embalagem. **2** Corte-a em cubos e decore com coco fresco laminado e pedaços do crocante de castanha-do-pará. **3** Sirva com a baba de moça.

Receitas da chef **Ana Luiza Trajano**, do Restaurante Brasil a Gosto, de São Paulo, SP.

"Espero que tantas outras Benês estejam latentes em cada uma das pessoas que participam deste projeto, para assim terem a oportunidade de despertar dentro de si mesmas a busca por uma formação profissional e o prazer na realização de seu trabalho", diz Sandra Simões. Benê representa a diversidade, a maravilha e as lutas desse imenso Brasil, cheio de oportunidades, mas também repleto de injustiças. Uma das mais talentosas chefs brasileiras, especializada nos sabores regionais, Benê ostenta entre seus prêmios o de Personalidade da Gastronomia, concedido pela revista *Prazeres da Mesa*.

Com seu carisma e dedicação, ela não só motivou o trabalho de todos os envolvidos, como mostrou a cada um dos alunos que os sonhos podem, sim, transformar-se em realidade.

Panqueca de mandioquinha recheada com salmão e molho de shimeji

8 porções

massa

- 250 g de mandioquinha ralada
- 1/2 xícara (chá) de leite
- 50 g de manteiga
- 3 ovos
- 1 colher (chá) de sal
- 2 colheres (sopa) de azeite
- Óleo para untar
- Ovas de salmão e folhas de ciboulette, para decorar

1 Numa vasilha, misture a mandioquinha ralada, o leite, a manteiga, os ovos, o sal e o azeite. **2** Em uma frigideira untada, coloque porções da massa (1 concha por vez), espalhe em uma camada bem fina e deixe dourar dos dois lados; reserve as panquecas.

recheio

- 200 g de salmão fresco cortado em cubinhos
- 2 colheres (sopa) de manteiga
- 100 g de shimeji
- 50 g de salmão defumado picado
- 5 g de ciboulette picada
- Sal e pimenta a gosto

Em uma frigideira, puxe o salmão fresco na manteiga; adicione o shimeji, o salmão defumado, a ciboulette, o sal, a pimenta e misture; reserve.

molho

- 250 g de creme de leite
- Suco de 1 limão
- 30 g de ovas de salmão (opcional)
- Sal e pimenta a gosto

Em uma vasilha, misture o creme de leite, o suco de limão, as ovas de salmão, o sal e a pimenta; reserve.

montagem

1 Recheie cada pedaço de massa e feche as panquecas. **2** Coloque o molho por cima e decore com algumas ovas de salmão e folhas de ciboulette.

Arroz de forno

6 porções

- 500 g de arroz lavado
- 250 g de presunto ou frango
- 150 g de queijo parmesão
- 100 g de manteiga sem sal
- 1 litro de água quente
- 500 ml de vinho branco seco
- 2 xícaras (chá) de cenouras picadas
- 2 xícaras (chá) de ervilha
- 2 colheres (sopa) de salsinha picada
- 1 colher (chá) de sal
- 2 cebolas pequenas
- Pimenta branca a gosto

1 Prepare o arroz normalmente. **2** Doure a cebola e o alho na manteiga. **3** Junte os legumes, o frango (ou o presunto) e flambe com o vinho branco. **4** Adicione o cheiro-verde e reserve. **5** Unte uma fôrma refratária com

manteiga e farinha de rosca. **6** Coloque o arroz, alternando com os legumes e, por último, o queijo ralado. **7** Leve ao forno durante 15 minutos em 160 °C.

Bolo de amendoim

6 porções

- 2 xícaras (chá) de farinha de trigo
- 2 xícaras (chá) de açúcar refinado
- 1 1/2 xícara (chá) de amendoim torrado e moído fino
- 1 xícara (chá) de leite morno
- 3 colheres (sopa) de margarina
- 1 colher (sopa rasa) de fermento químico
- 1 colher (café) de sal
- 4 claras em neve
- 4 gemas

1 Bata todos ingredientes muito bem deixando para colocar por último as claras em neve e o amendoim. **2** Coloque em fôrma redonda (de anel), untada com manteiga e polvilhada com farinha de trigo; leve para assar.

Filé de pescada à jangadeiro

4 porções

- 4 filés de pescada
- 1 dente de alho picado
- Suco de meio limão
- 200 g de farinha de trigo
- 100 ml de azeite de dendê
- 200 ml de óleo
- Sal a gosto

1 Tempere os filés de pescada com limão, sal e alho; deixe descansar no tempero. **2** Em seguida, empane os filés em farinha de trigo. **3** Frite no azeite de dendê e óleo; reserve.

molho

- 200 g de camarão médio
- 500 g de tomate maduro
- 2 colheres (sopa) de salsinha
- 1 colher (sopa) de coentro
- 200 ml de leite de coco
- Sal a gosto
- Caldo de pimenta dedo-de-moça a gosto
- 1 dente de alho
- 1 cebola picada
- 3 colheres (sopa) de azeite de oliva

1 Passe os tomates em uma peneira. **2** Refogue a cebola e o alho; junte o molho de tomate; coloque o leite de coco e reduza. **3** Separadamente, sele os camarões com um pouco de azeite; junte-os ao molho; adicione a salsinha; reserve.

purê de batata

- 500 g de batata cozida
- 2 colheres (sopa) de manteiga
- 100 ml de leite
- Sal a gosto

1 Cozinhe a batata descascada em água e sal. **2** Passe no espremedor e leve à panela com a manteiga e o leite morno; bata até virar um creme.

montagem

Disponha os filés em um prato, regue com o molho e acompanhe com o purê.

Bombocado de aipim com baba de moça

8 a 12 porções

baba de moça

- 1 xícara (chá) de açúcar
- 1 colher (sopa) de manteiga
- 6 gemas
- 1 lata de leite condensado
- Leite de coco (a quantidade que cabe na lata de leite condensado)
- 1 pedaço de casca de limão

1 Em uma panela, misture o açúcar e 3 colheres (sopa) de água e leve ao fogo baixo, sem mexer, até formar uma calda em ponto de pasta; adicione a manteiga; retire do fogo e deixe esfriar. **2** Passe as gemas por uma peneira e junte à calda. **3** Acrescente o leite condensado, o leite de coco e a casca de limão; mexa bem; leve novamente ao fogo baixo, mexendo sempre até obter uma consistência cremosa. **4** Retire a baba de moça do fogo e deixe esfriar.

bombocado

- 150 g de baba de moça pronta (ver receita)
- 400 g de mandioca descascada e ralada
- 4 ovos inteiros
- 2 colheres (sopa) de manteiga
- 100 g de coco fresco ralado

1 Misture muito bem a baba de moça, a mandioca ralada, os ovos inteiros, a manteiga e o coco ralado; coloque em fôrmas pequenas, untadas com manteiga. **2** Leve ao forno em uma assadeira grande e asse a 180 °C (médio alto) até que dourem; se desejar, salpique canela em pó ou glaçúcar ou ainda casca de limão ralado.

Delícia de coco

8 porções

- 750 ml de creme de leite fresco
- 2 xícaras (chá) de coco ralado
- 2 xícaras (chá) de açúcar
- 3 colheres (sopa) de rum
- 4 gemas
- 1 envelope de açúcar Vanille

1 Junte uma xícara (chá) de água ao açúcar e leve ao fogo sem mexer, deixando ferver por cerca de 10 minutos, ou até obter uma calda grossa. **2** Bata as gemas na batedeira dentro de uma tigela refratária colocada em banho-maria e vá juntando aos poucos a calda fervente em fio. **3** Quando a mistura tiver dobrado de volume, retire do banho-maria e continue a bater até que esfrie completamente. **4** À parte, bata o creme de leite em chantili. **5** Ao apresentar uma consistência quase firme, acrescente o açúcar Vanille e o rum, continue a bater até obter o ponto de chantili. **6** Misture delicadamente o chantili às gemas batidas com a calda e acrescente 1 1/2 xícara (chá) de coco ralado. **7** Despeje em fôrma para pudim untada com azeite e forrada com papel-alumínio. **8** Leve ao congelador por cerca de 4 horas ou até que o creme esteja

bem firme. **9** Desenforme, retire o papel-alumínio e cubra todo o doce com o restante do coco ralado; conserve na geladeira, até o momento de servir.

Escalope de filé-mignon

4 porções

- 500 g de filé-mignon
- 1 ovo inteiro batido com pouco sal
- 2 colheres (sopa) de farinha de trigo
- 2 colheres (sopa) de queijo parmesão ralado
- 4 colheres (sopa) de fatias de pão bem finas
- 1 salsinha
- 1 cebola
- Sal, pimenta e alho a gosto
- Manteiga e óleo para fritar

1 Corte os bifes na espessura de 0,5 cm. **2** Tempere com o sal e a pimenta dos dois lados; reserve. **3** Passe-os na farinha de trigo, no ovo batido e na farinha de pão misturada ao queijo; reserve. **4** Numa frigideira, aqueça o óleo com um pouco de manteiga e coloque os bifes para dourar rapidamente de ambos os lados. **5** Ponha os escalopes numa travessa e mantenha-os aquecidos no forno. **6** Em separado, frite na manteiga uma boa quantidade de cebola e salsa bem picadinhas e misture. **7** Sirva a carne no prato e coloque uma colherada do molho sobre cada pedaço.

Escabeche de berinjela

4 porções

- 1/2 xícara (chá) de vinagre branco
- 1 xícara (café) de óleo de milho
- 3 colheres (sopa) de salsa picada
- 1 colher (chá) de Fondor
- 15 azeitonas verdes picadas
- 10 azeitonas pretas picadas
- 5 dentes de alho
- 4 berinjelas grandes
- 2 cebolas picadas
- 1 pimentão vermelho sem pele
- 1 pimentão verde sem pele
- Sal com alho e pimenta-do-reino a gosto
- Manjericão e orégano a gosto

1 Corte ao meio a berinjela e retire um pouco das sementes. **2** Corte-a em tiras iguais e leve ao forno para cozinhar em água temperada com sal e manjericão. **3** Depois de cozida, escorra toda a água; reserve. **4** Numa frigideira, coloque óleo e frite o alho até que escureça; retire. **5** Refogue os pimentões cortados em tiras por cerca de 5 minutos. **6** Acrescente a cebola e mexa por mais 2 minutos. **7** Misture a berinjela, o restante dos ingredientes; verifique o sal. **8** Regue com um pouco de vinagre e azeite; salpique um pouco de orégano e conserve no refrigerador até o momento de servir.

Receitas da chef **Benê Ricardo**, do Buffet & Eventos Benê, de São Paulo, SP.

Carlos Ribeiro

O chef paraibano Carlos Ribeiro é um agitador da gastronomia. Com seu jeito despachado, alegre e de bem com a vida, ele conquista todos ao seu redor e, melhor, o respeito das pessoas. Para ele, participar do projeto é uma oportunidade de dar as mãos e ajudar a combater as injustiças. "Como educador, tenho obrigação de resgatar nossa cultura e, ao mesmo tempo, ajudar ao próximo." Dando aulas ou no comando do Na Cozinha, restaurante badalado em São Paulo, ele busca inspiração na leitura de pesquisadores e romancistas que falam da cozinha brasileira. Por exemplo, um dos ingredientes que ele mais gosta de utilizar é a carne de porco, que ele considera, sim, genuína da mesa brasileira e é citada por autores como José Lins do Rego, Jorge Amado, Monteiro Lobato e Cora Coralina, entre tantos outros. Além das aulas e de comandar sua cozinha, o chef ainda tem tempo de publicar livros e é especialista em cultura e culinárias japonesas.

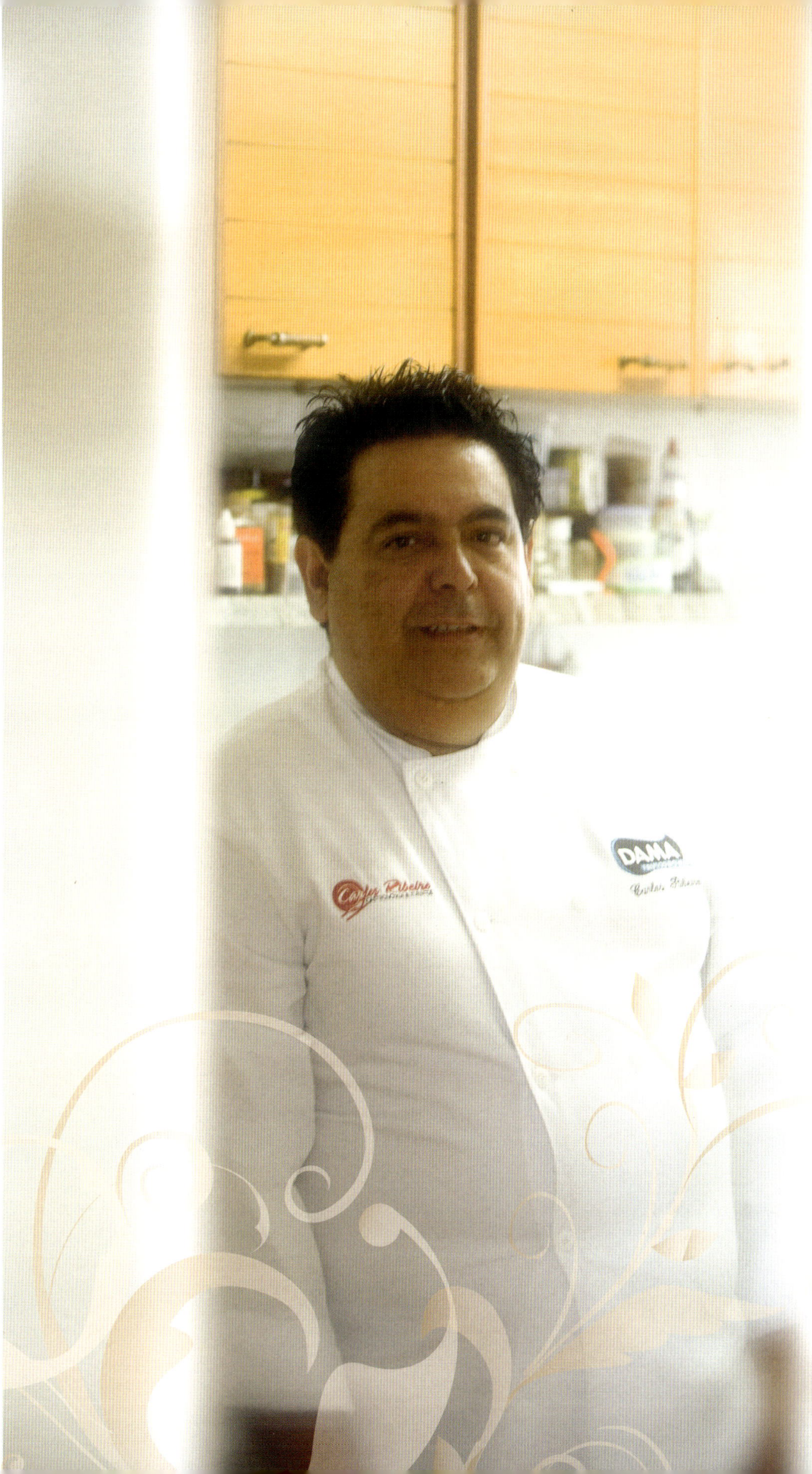
DAMA

Carlos Ribeiro

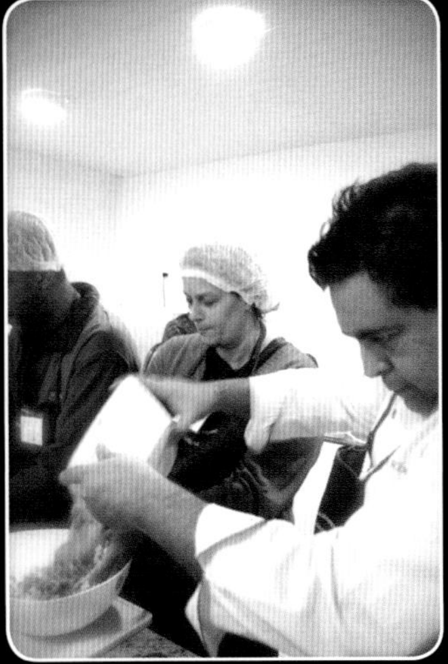
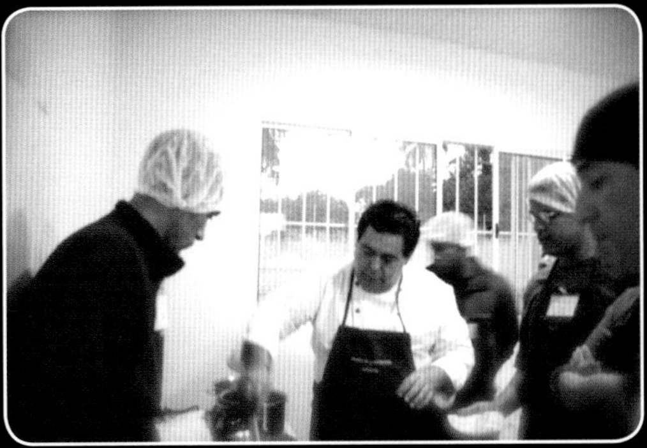
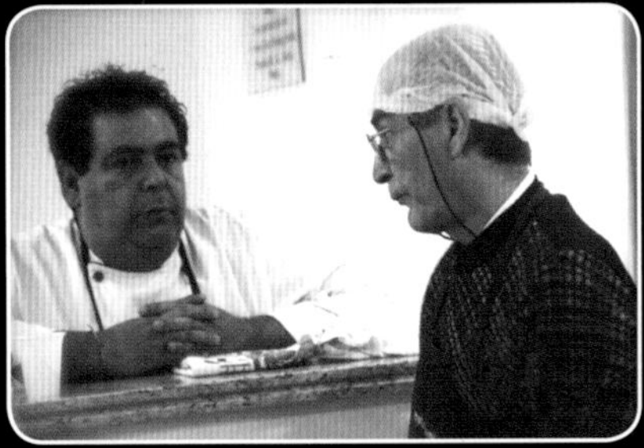
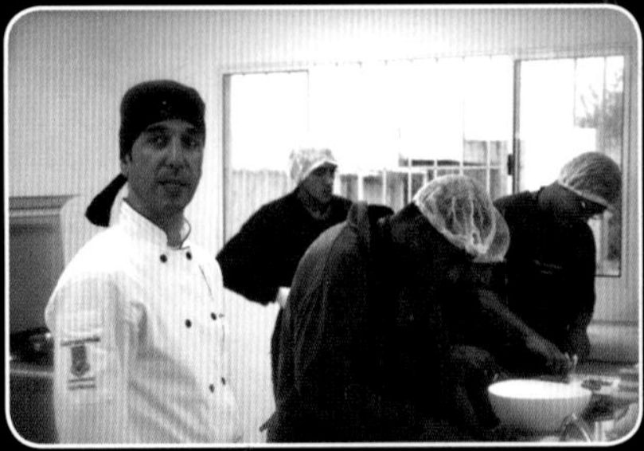
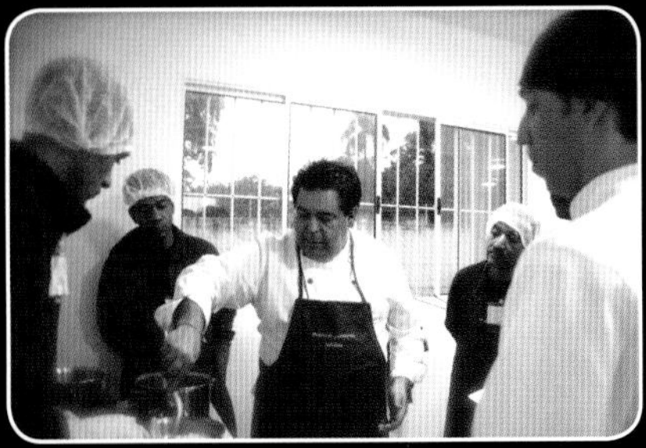
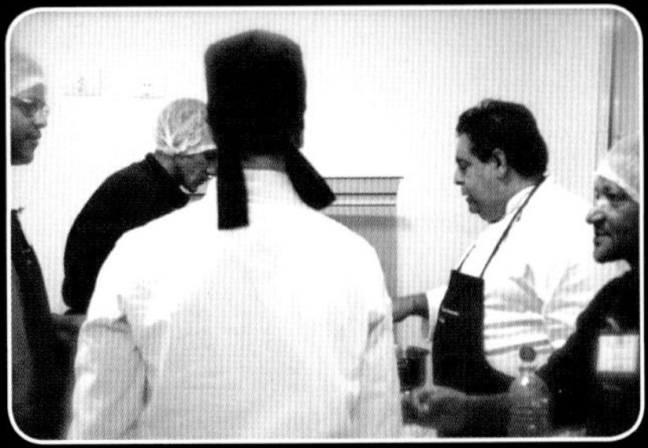
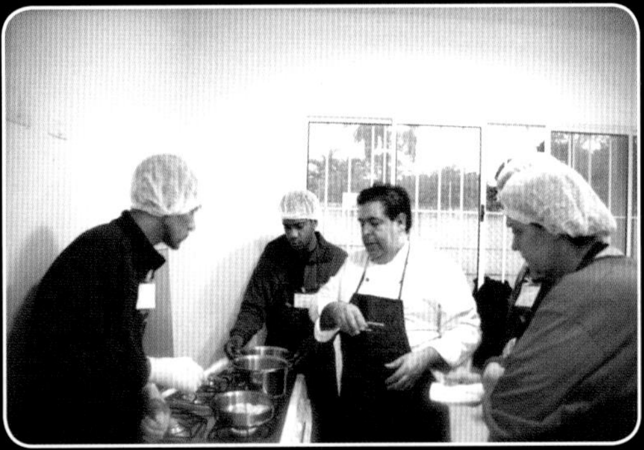
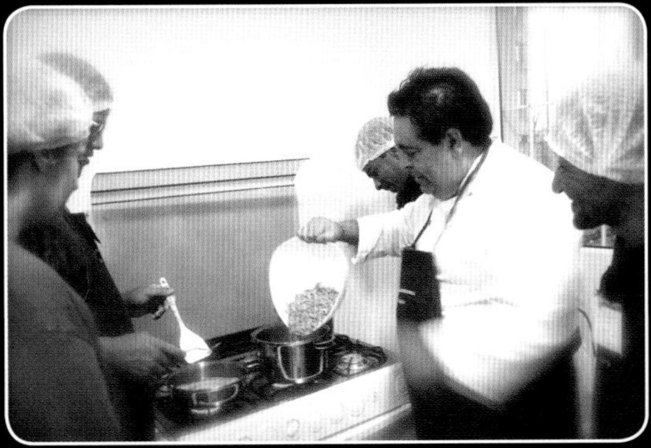
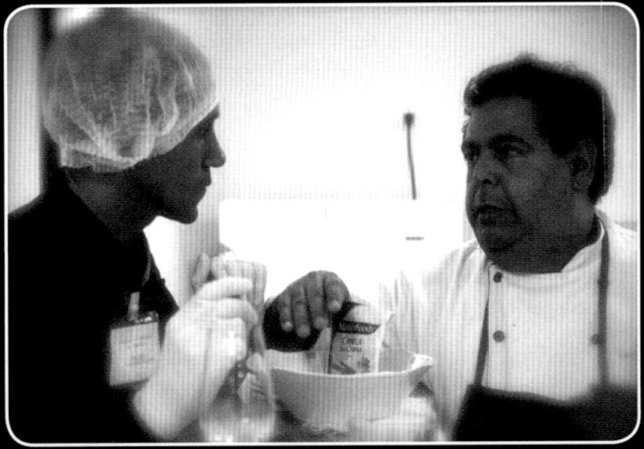
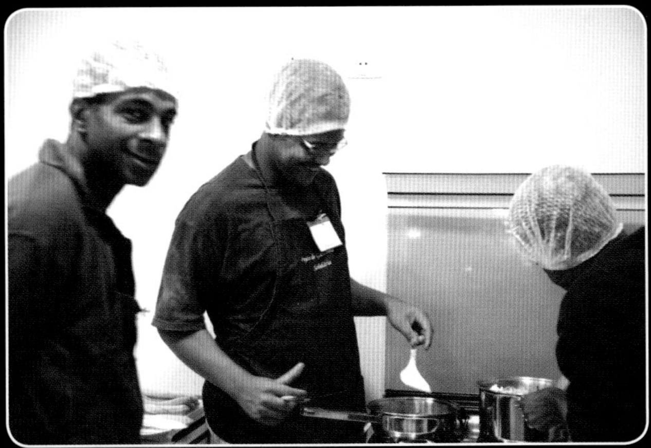

Carlos Ribeiro

Croquetes de arroz e salsicha

60 unidades

- 6 xícaras (chá) de arroz cozido
- 1 xícara (chá) de leite
- 6 colheres (sopa) de farinha de trigo
- 1 colher (café) de fermento em pó
- 5 salsichas
- 2 cebolas médias
- 2 ovos
- Sal a gosto
- Óleo para fritar

1 Misture todos os ingredientes com a salsicha bem picada e, por último, o fermento. **2** Coloque as colheradas de massa no óleo quente. **3** Frite e depois coloque sobre um papel absorvente para retirar o excesso de gordura.

Rubacão

8 porções

- 500 g de charque
- 400 g de bacon
- 300 g de queijo mussarela
- 300 g de queijo de coalho
- 4 xícaras (chá) de feijão de corda
- 4 xícaras (chá) de arroz
- 4 dentes de alho
- 3 folhas de louro
- 2 linguiças calabresas
- 1 cebola
- Cheiro-verde e pimenta a gosto

1 Coloque o charque de molho em água no dia anterior. **2** Troque a água três vezes, para retirar o sal. **3** No dia seguinte, corte o bacon e o charque em cubos médios; reserve-os. **4** Coloque em uma panela de pressão: o feijão de corda, o bacon, o charque e as folhas de louro. **5** Cozinhe com bastante água por cerca de 20 minutos. **6** Coloque a calabresa cortada em rodelas de aproximadamente 2 cm e deixe cozinhar por mais 5 minutos. **7** Em outra panela grande, coloque 1 colher de azeite ou óleo e frite o alho amassado e a cebola em cubinhos; quando estiverem dourados, acrescente o arroz lavado. **8** Despeje nessa panela o que foi cozido na pressão, inclusive a água; mexa bastante. **9** Acrescente os queijos cortados em cubos médios, acerte o sal e a pimenta. **10** Deixe cozinhar até que o arroz fique no ponto. **11** Quando estiver pronto, polvilhe cheiro-verde.

Carlota

1 porção

- 1 banana-prata cortada ao meio
- 1 fatia grossa de queijo manteiga
- Açúcar refinado e canela em pó a gosto

1 Grelhe separadamente a banana e o queijo até dourar. **2** Coloque a banana em um prato e sobre ela o queijo ainda quente. **3** Polvilhe com canela misturada ao açúcar e sirva imediatamente.

Receitas do chef **Carlos Ribeiro**, do Restaurante Na Cozinha, de São Paulo, SP.

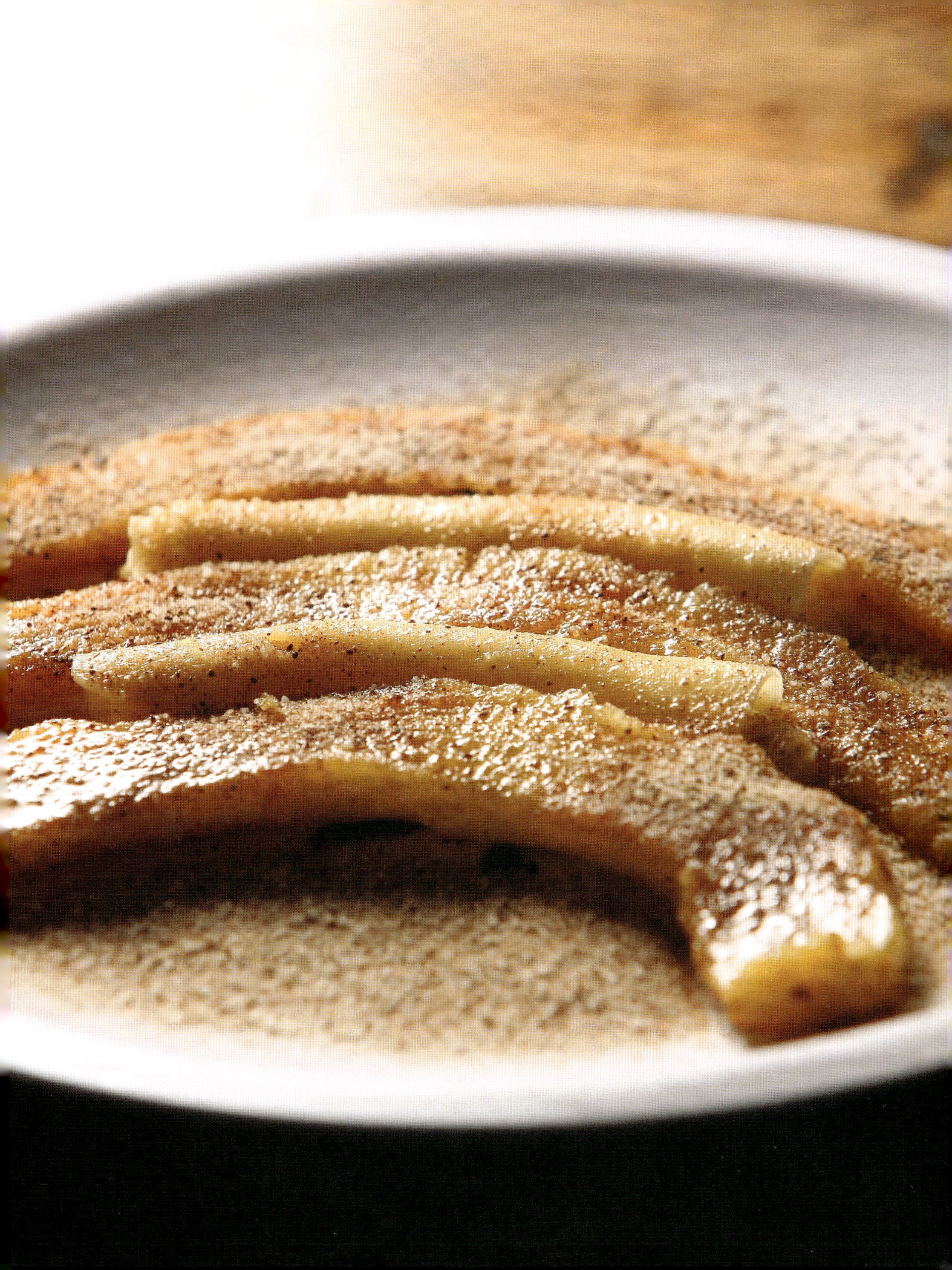

Dijanira Trindade

Natural da capital paulista, Dijanira Trindade sempre gostou de cozinhar, mas começou a se interessar pela parte profissional no ano 2000. Doceira e boleira de mão-cheia, vive em um mundo de festas – comanda em São Paulo a Arte em Bolos –, mas sabe que a realidade de nossa sociedade é bem diferente. "Entrei no projeto por acreditar ser esse o melhor caminho para a inclusão social dos menos favorecidos. Trabalho na área de doces há oito anos, tendo antes feito aulas e cursos com os melhores profissionais nesse ramo. Participar do projeto me deixou muito gratificada, pois consegui passar um pouco do meu conhecimento a pessoas tão interessadas e especiais. Só tenho a agradecer por ter participado dessa nobre ação."

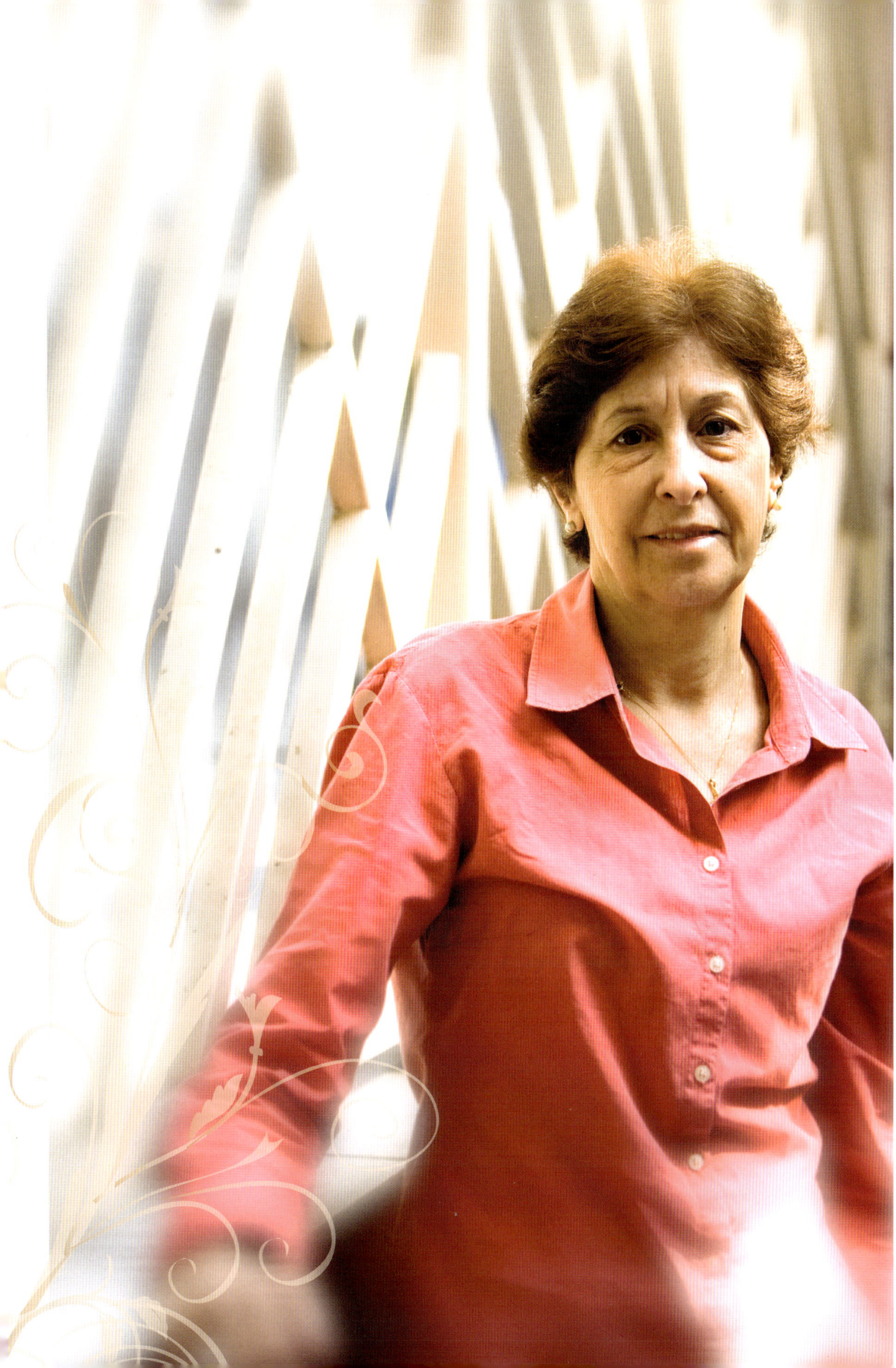

Dijanira Trindade

Bem-casado de cortar
10 unidades

- 1 xícara (chá) de farinha de trigo
- 1 xícara (chá) de açúcar
- 1 colher (chá) de fermento em pó
- 1/2 colher (sopa) de amido de milho
- 7 ovos
- 1 pitada de sal
- Essência de baunilha a gosto

calda
- 700 gramas de açúcar de confeiteiro
- 200 ml de água filtrada
- 1/2 colher (café) de ácido cítrico

recheio
- Doce de leite em ponto de corte (leite condensado cozido na lata, na panela de pressão, por 40 minutos a partir do começo da fervura)

preparo

1 Bata os ovos inteiros com o açúcar por aproximadamente 10 minutos. **2** Desligue a batedeira e junte delicadamente a essência, a farinha, o fermento, o amido de milho e o sal – estes últimos peneirados juntos, deixando uma massa bem leve e homogênea. **3** Coloque em fôrma de 40 x 40 x 2 cm, untada com manteiga só no fundo (não unte as laterais). **4** Asse em forno preaquecido a 200 °C até que esteja ligeiramente dourada (aproximadamente 10 minutos). **5** Deixe esfriar e corte discos com 5 cm de diâmetro. **6** Una dois a dois, com uma colher (chá) de doce de leite.

calda

1 Coloque na panela 500 g do açúcar de confeiteiro, a água, o ácido cítrico; aqueça até que o açúcar se dissolva. **2** Banhe os bem-casados com 1 colher (sopa) de calda em cada um. **3** Polvilhe açúcar de confeiteiro nos bem-casados, usando uma peneira fina pequena. **4** Deixe secar por no mínimo 3 horas. **5** Embrulhe os doces em papel celofane e em papel crepom.

Receitas da chef **Dijanira Trindade**, da Arte em Bolos, de São Paulo, SP.

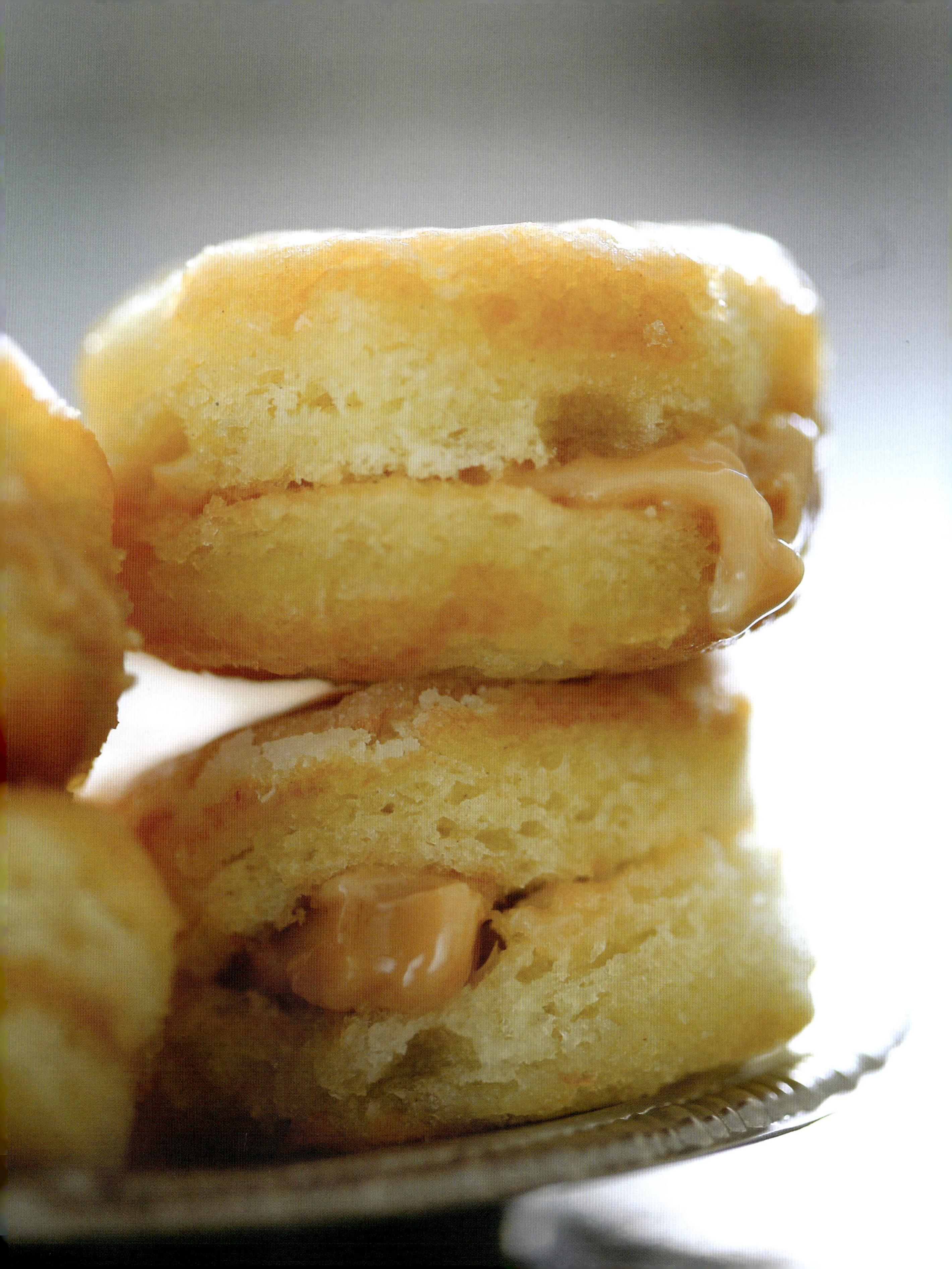

Ida Maria Frank

A baiana de Salvador Ida Maria Frank é um dos nomes fortes da gastronomia paulista. Há quase dez anos, abriu em São Paulo com a filha Virgínia Maria o bistrô Maria's. Ida havia morado por mais de uma década na França, onde desenvolveu o gosto e o amor pela culinária. Formou-se pela École Lenôtre e, antes de partir para sua própria casa, foi sócia do Le Toulouse. No Maria's praticou uma cozinha artesanal, em que tudo fazia lembrar um bistrô parisiense.

Seu voo mais alto veio com a sociedade com o premiado e talentoso chef Paulo Barros, que resultou no Due Cuochi Cucina, que segue a linha italiana contemporânea, com um cardápio cheio de aromas e sabores. Pratos que confortam a alma e o paladar do comensal. Foi com essa paixão pela cozinha que Ida ministrou suas oficinas para os novos aprendizes de cozinheiro.

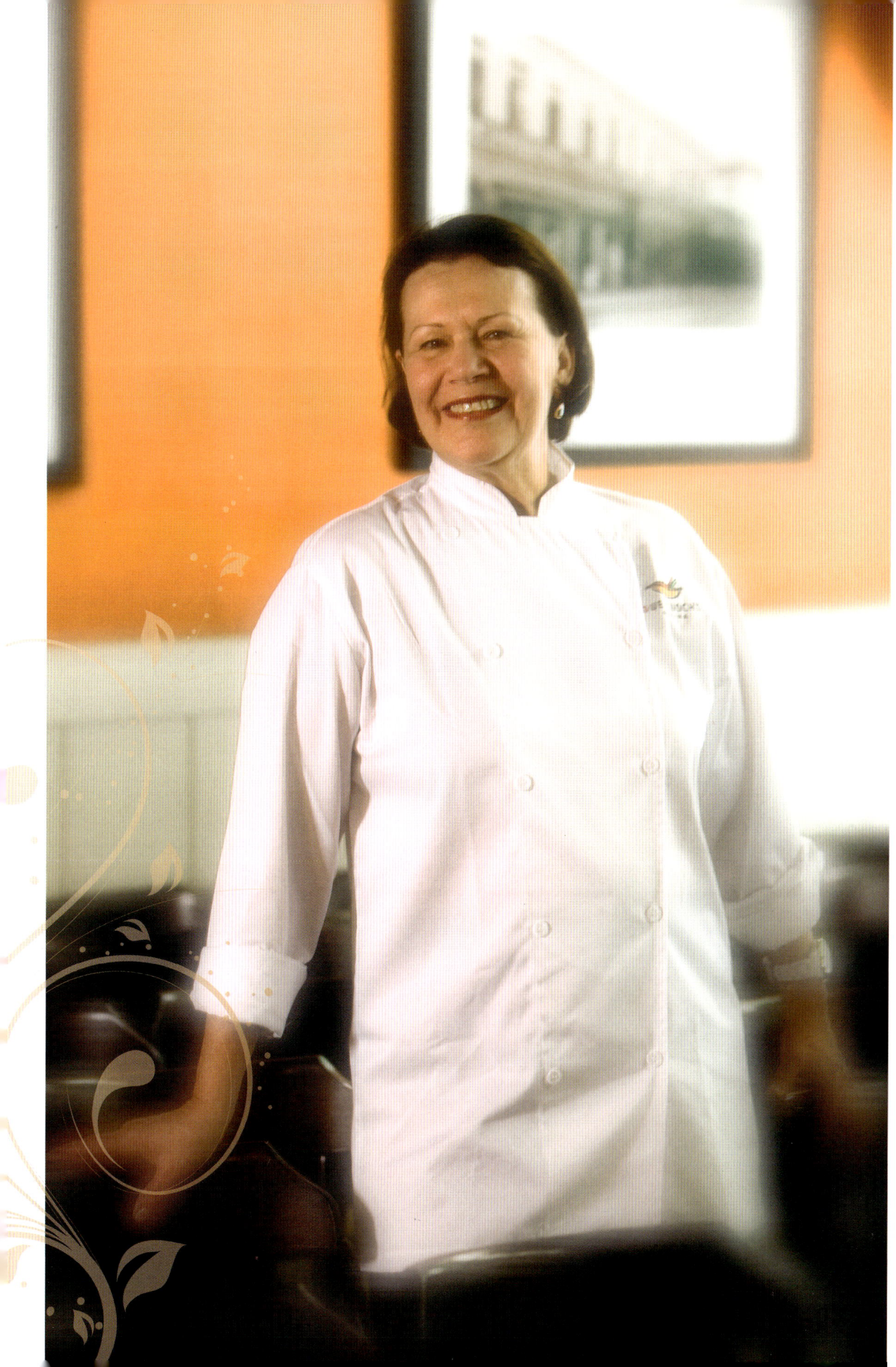

Ida Maria Frank

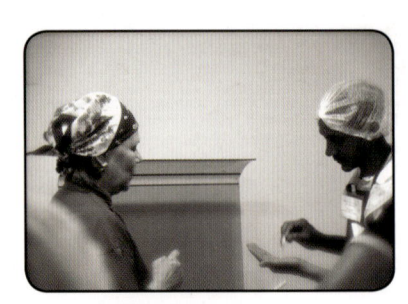

Panna cotta
8 porções
- 150 g de açúcar
- 500 ml de creme de leite
- 5 folhas de gelatina transparente
- 1 cálice de rum branco
- 1 fava de baunilha

calda de frutas vermelhas
- 100 g de framboesas
- 100 g de morangos
- 100 g de amoras
- 60 g de açúcar
- 200 ml de água

1 Coloque as folhas de gelatina na água fria. **2** Em uma panela, coloque o creme de leite, o rum, o açúcar e a fava de baunilha cortada longitudinalmente e raspada (ou gotas da essência). **3** Aqueça e, quando levantar fervura, retire a panela do fogo. **4** Coe a gelatina e acrescente na mistura até que dissolva. **5** Passe o líquido por peneira fina e, quando estiver morno, coloque em forminhas individuais. **6** Refrigere durante 3 horas.

calda de frutas vermelhas

1 Limpe as frutas e coloque-as em uma panela com a água e o açúcar. **2** Ferva por aproximadamente 10 minutos, depois deixe esfriar e coloque na geladeira.

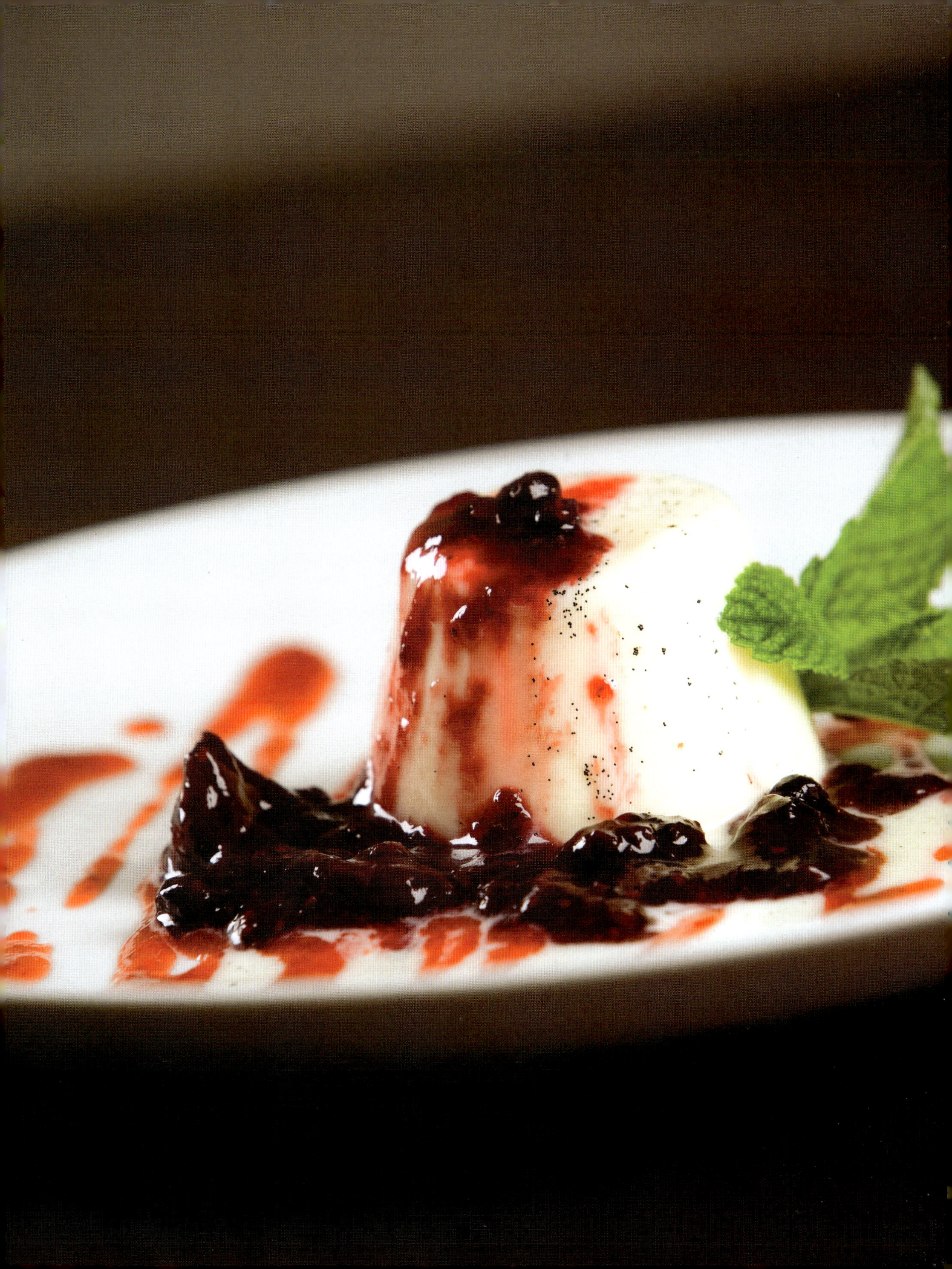

Ida Maria Frank

Tagine de cordeiro

4 porções

- 800 g de paleta de cordeiro em fatias de 4 cm
- 300 g de damascos secos
- 80 g de manteiga
- 60 g de amêndoas descascadas e sem pele
- 5 colheres (sopa) de mel
- 3 colheres (sopa) de azeite de oliva
- 3 colheres (café) de canela em pó
- 1 colher (café) de pimenta-do-reino moída
- 2 cebolas grandes
- 1 dose de açafrão em pó
- 1 pedaço de canela em pau
- Sal a gosto

1 Aqueça o azeite em uma panela e doure as fatias do cordeiro de todos os lados; salgue. **2** Descasque e pique as cebolas. **3** Na panela, refogue a manteiga, a cebola e o açafrão. **4** Adicione o cordeiro, a canela e a pimenta. **5** Coloque 2 copos grandes de água; misture, cubra e cozinhe em fogo brando por cerca de 40 minutos. **6** Doure as amêndoas em uma frigideira antiaderente; reserve. **7** Quando a carne estiver praticamente cozida, junte o mel misturado à canela e os damascos; mexa e cozinhe por mais 30 minutos. **8** Retire o cordeiro e os damascos e coloque-os em um prato refratário fundo; cubra com papel-alumínio e guarde no forno preaquecido a 80 °C. **9** Reduza o caldo que ficou na panela até que atinja a consistência de calda. **10** Coloque o cordeiro em um prato, jogue as amêndoas, os damascos e finalize com a redução do molho; se desejar, sirva sobre couscous marroquino.

Receitas da chef **Ida Maria Frank**, do Restaurante Due Cuochi Cucina, de São Paulo, SP.

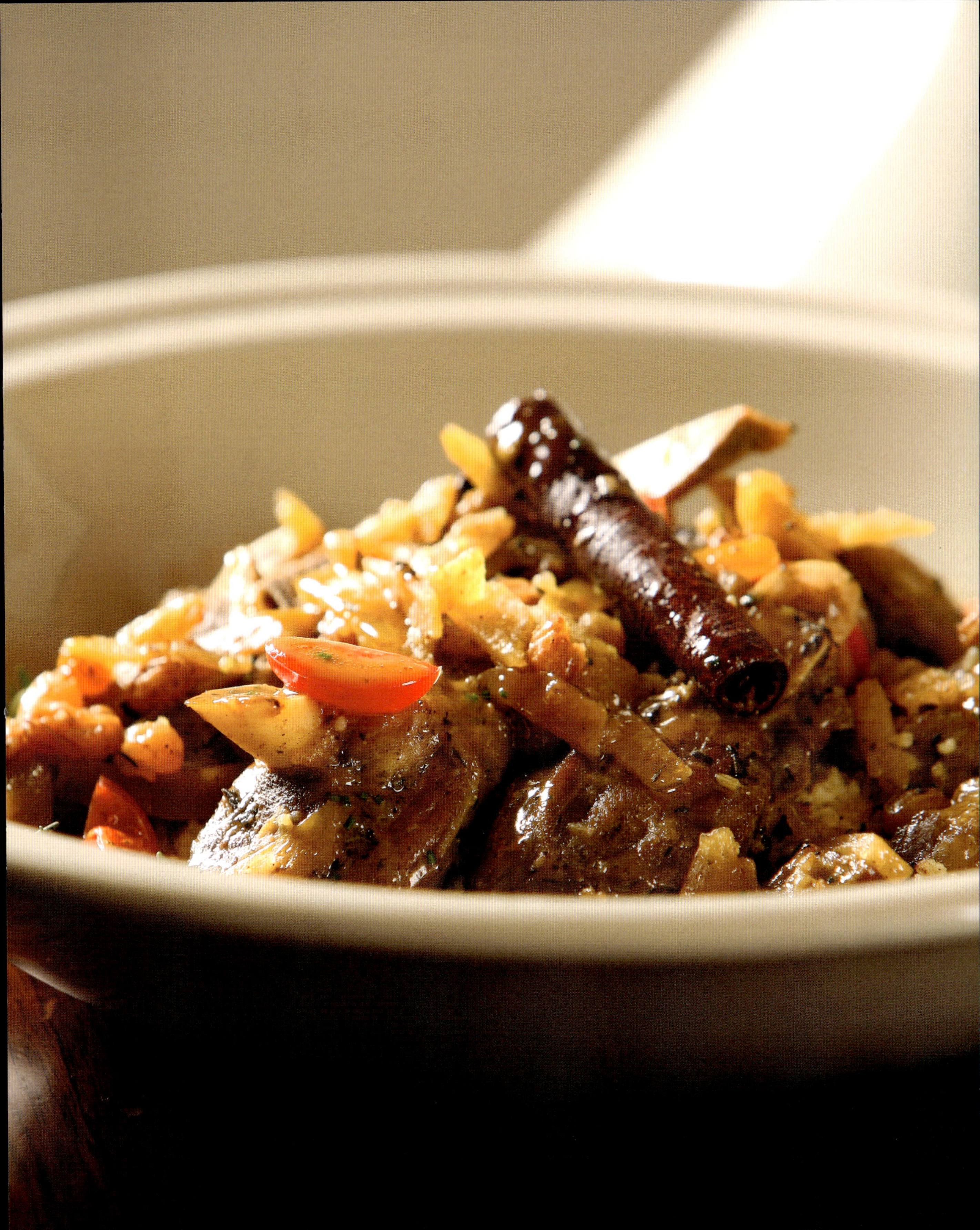

Lúcia Velloso Verginelli

Lúcia dedica-se o máximo possível a ajudar quem precisa e quer ser ajudado: um dia de sua semana é reservado para colaborar com o próximo. Além de professora e dona do Buffet Luana Gastronomia e Eventos, de São Paulo, ainda faz parte de seu trabalho incursões com a vigilância sanitária; uma boa referência para seus alunos, já que a higiene e a segurança alimentar são as primeiras regras que todo cozinheiro deve saber.

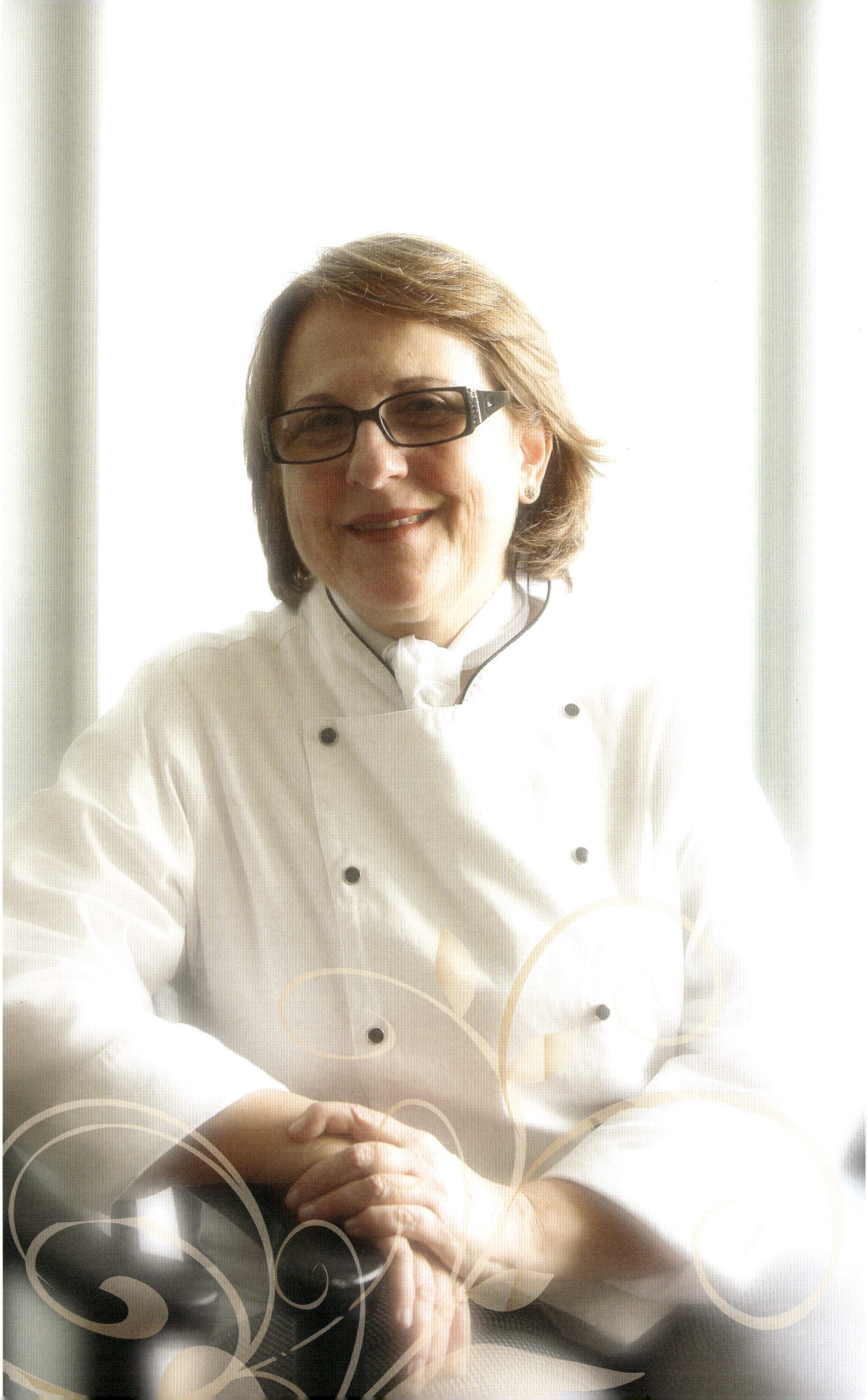

Sopa de cebola

2 porções

- 150 g de cebola
- 40 g de manteiga sem sal
- 40 g de queijo ralado
- 450 ml de fundo de carne
- 30 ml de azeite
- 2 fatias de pão de fôrma sem casca
- Sal e pimenta-do-reino a gosto

1 Corte as cebolas à Juliana e em uma panela com manteiga salteie-as até que fiquem douradas. **2** Adicione o fundo de carne, escume quando necessário, e mexa de vez em quando. **3** Quando as cebolas estiverem bem macias, retire do fogo e reserve. **4** Corte as fatias de pão de fôrma em cubos pequenos, adicione sal, azeite e leve ao forno em uma assadeira até que fiquem dourados; reserve.

montagem

Sirva em um prato de sopa acompanhado de crutons.

Avestruz à bourguignonne

2 porções

avestruz

- 70 g de filé-mignon de avestruz
- 70 g de lombo de avestruz
- 70 g de alcatra de avestruz
- Sal e pimenta-do-reino a gosto

glacê

- 200 ml de demi-glacé
- 200 ml de vinho tinto
- 20 ml de sambuca
- 10 ml de conhaque
- 20 g de açúcar

avestruz

1 Tempere os cortes da ave com o sal e a pimenta-do-reino moída. **2** Grelhe minutos antes de servir.

glacê

Misture todos os ingredientes e leve ao fogo baixo até que fique reduzido; reserve.

montagem

Distribua os 3 cortes de avestruz no prato e finalize com o glacê.

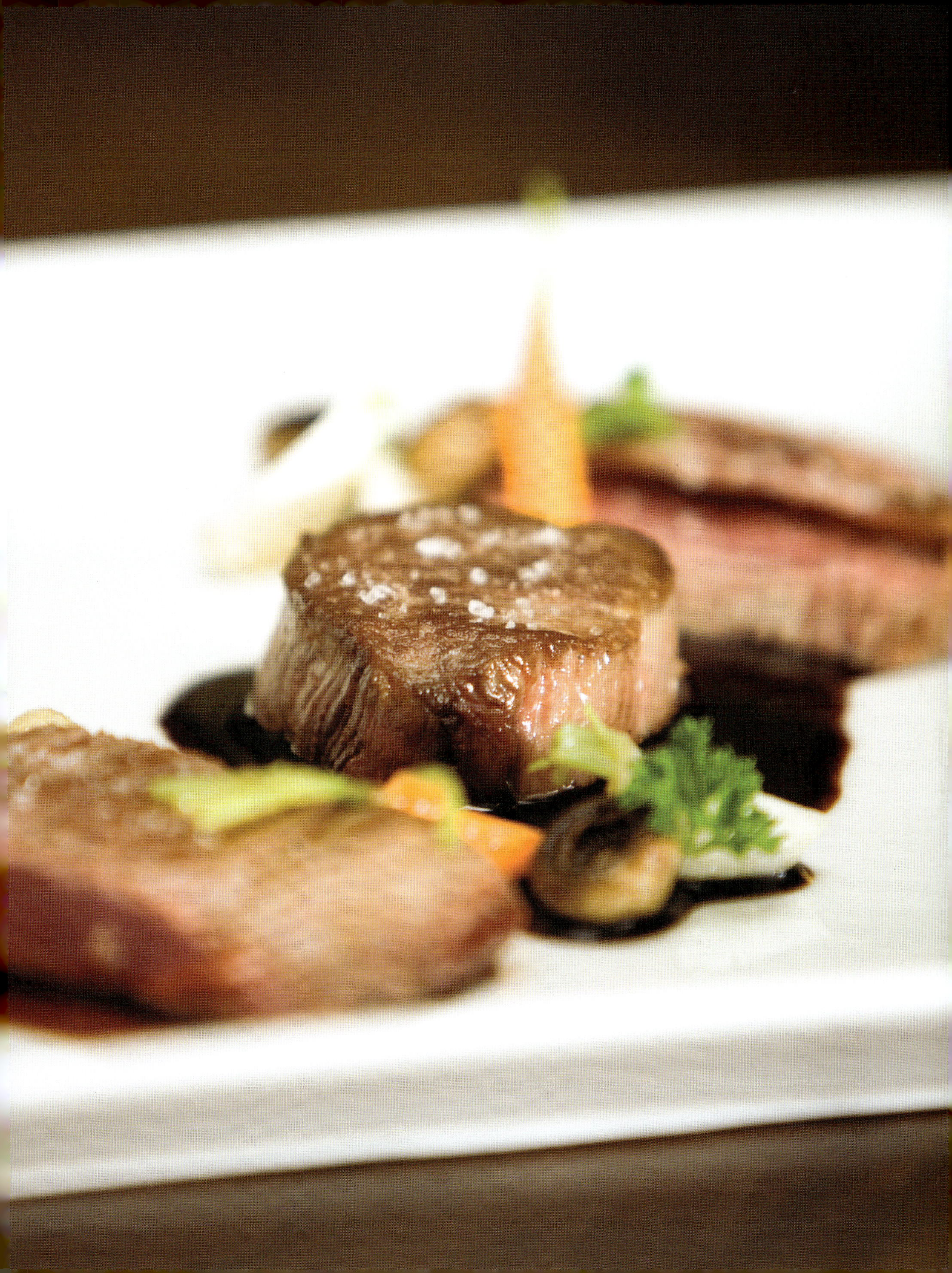

Lúcia Velloso Verginelli

Fettuccine de pupunha
2 porções

- 1 palmito pupunha fresco
- 50 g de castanhas
- Miniverdes: manjericão roxo, mâche, sálvia

vinagrete francês

- 100 ml de azeite
- 30 ml de suco de limão
- 1 colher (chá) de mostarda Dijon
- 1 colher (chá) de mel
- Sal e pimenta-do-reino a gosto

1 Passe o palmito pupunha na mandoline e depois corte as lascas de modo que fiquem várias fatias finas na largura do fettucine; reserve na geladeira. **2** Faça o vinagrete francês misturando o azeite, o suco do limão, a mostarda, o sal e a pimenta-do--reino moída.

montagem

1 Coloque no centro de um prato fundo um ninho de fettuccine e, sobre ele, os miniverdes. **2** Salpique as castanhas cortadas grosseiramente.

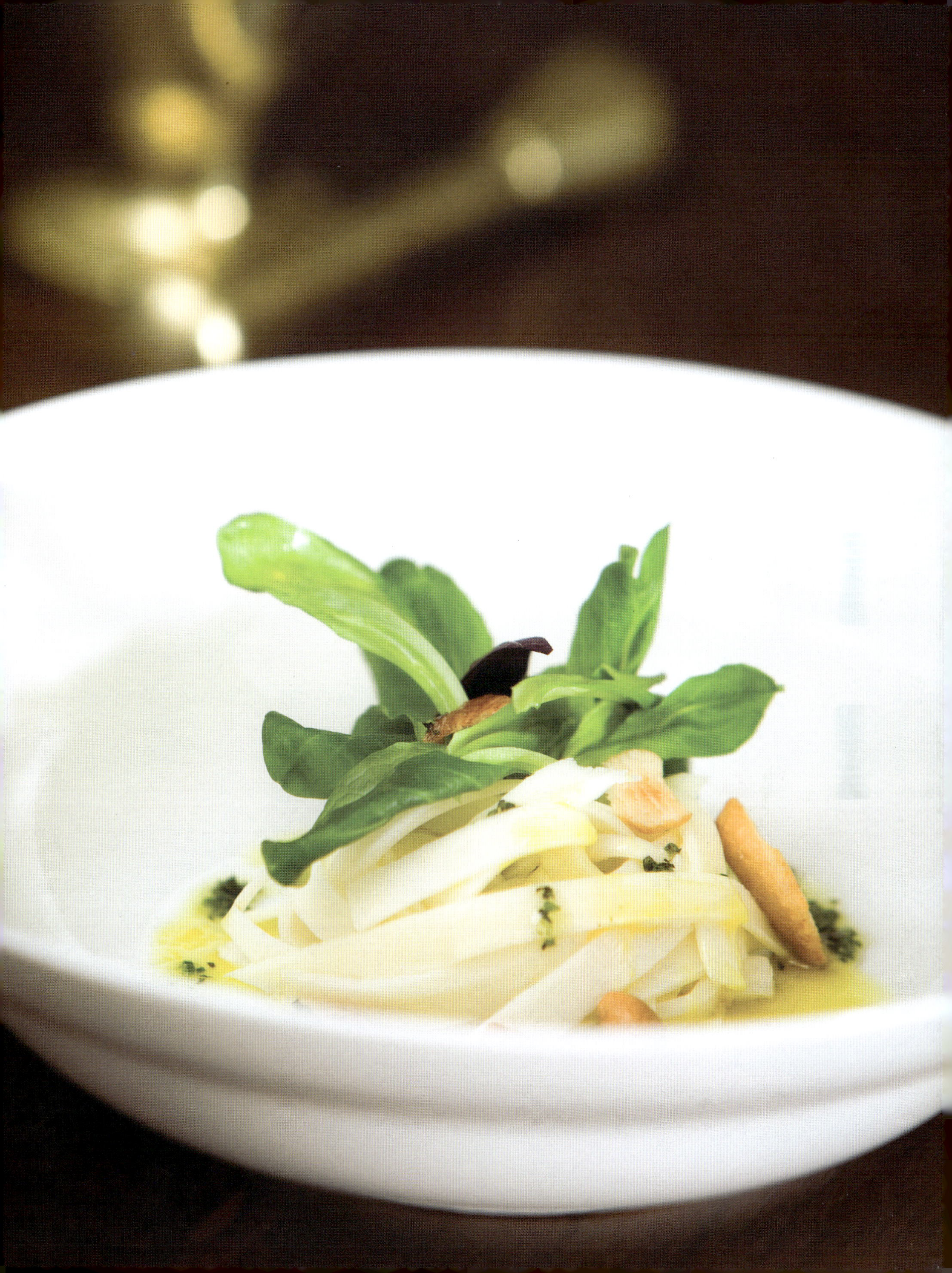

Creme de abóbora com roquefort

2 porções

- 150 g de abóbora japonesa
- 20 g de manteiga sem sal
- 10 g de queijo roquefort
- 45 ml de leite integral fresco
- 30 ml de creme de leite fresco
- 30 ml de azeite
- 2 fatias de pão de fôrma sem casca
- Sal e pimenta-do-reino a gosto

1 Aqueça o forno em temperatura média. **2** Corte a abóbora em quadrados grandes, coloque-os em uma assadeira e regue azeite, sal e pimenta; asse até ficar macia. **3** Descasque, passe na peneira e acrescente o restante dos ingredientes, mexendo sem parar até ficar um creme bem liso. **4** Adicione o queijo ralado e mexa mais um pouco para incorporar; reserve. **5** Corte o pão em cubos pequenos, adicione sal, azeite e leve ao forno em uma assadeira até que fiquem dourados; reserve.

montagem

Sirva em um *bowl* de cerâmica acompanhado de croûtons.

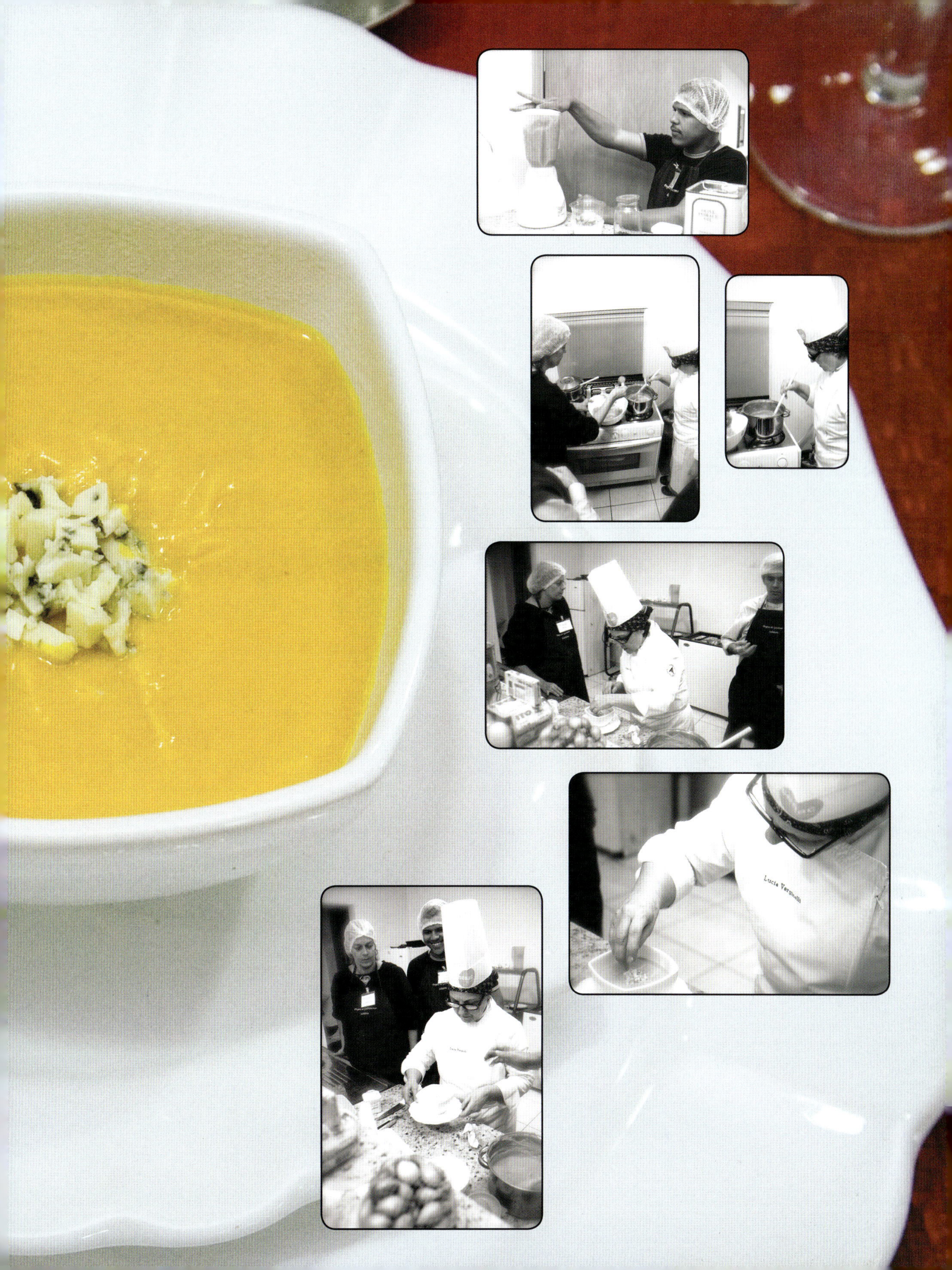

Semifreddo de chocolate com creme inglês

2 porções

semifreddo

- 300 g de chocolate amargo 70%
- 250 g de manteiga
- 50 g de açúcar
- 3 gemas
- 180 ml de leite
- 20 ml de Cointreau

tuille

- 100 g de açúcar
- 50 g de farinha de trigo
- 100 ml de mel

creme inglês

- 70 g de açúcar
- 500 ml de leite integral
- 6 gemas
- 1 fava de baunilha

semifreddo

1 Derreta o chocolate e a manteiga. **2** Coloque o leite, o açúcar e as gemas para cozinhar até ficar cremoso; adicione o chocolate derretido na manteiga. **3** Acrescente o licor, coloque nas forminhas e leve ao freezer.

tuille

1 Misture todos os ingredientes e coloque sobre o silpat, espalhando com as costas de uma colher. **2** Coloque no forno preaquecido a 200 °C por cerca de 4 minutos até que fiquem secos. **3** Espere esfriar para retirar e coloque em potes tampados separando em camadas com papel-toalha.

creme inglês

1 Bata o açúcar e as gemas até obter uma gemada fofa e esbranquiçada; reserve. **2** Ferva o leite com a fava em fogo médio e, após retirar do fogo, adicione aos poucos o creme de gemas; misture bem. **3** Volte a panela ao fogo baixo e mexa bem até que a espuma que se formou tenha desaparecido e o creme tenha engrossado ao ponto nappé leve. **4** Desligue o fogo e coloque na geladeira quando esfriar; sirva gelado.

montagem

1 Desenforme o semifreddo e disponha-o no centro do prato. **2** Distribua o creme inglês no entorno da produção e finalize com a tuille.

Zabaione de prosecco

1 porção

- 100 g de açúcar
- 120 ml de prosecco
- 7 gemas
- 2 biscoitos
- Frutas frescas para decorar: physalis, framboesa, mirtilo, amora e morango silvestre

1 Coloque em uma tigela, e em banho-maria, o açúcar, as gemas coadas e o prosecco. **2** Deixe cozinhar até formar um creme com consistência de maionese. **3** Coloque em um pequeno copinho transparente e deixe na geladeira.

montagem

Disponha as frutas silvestres no prato; coloque o zabaione em um copinho; disponha-o na lateral do prato; enfeite com um par de biscoitos.

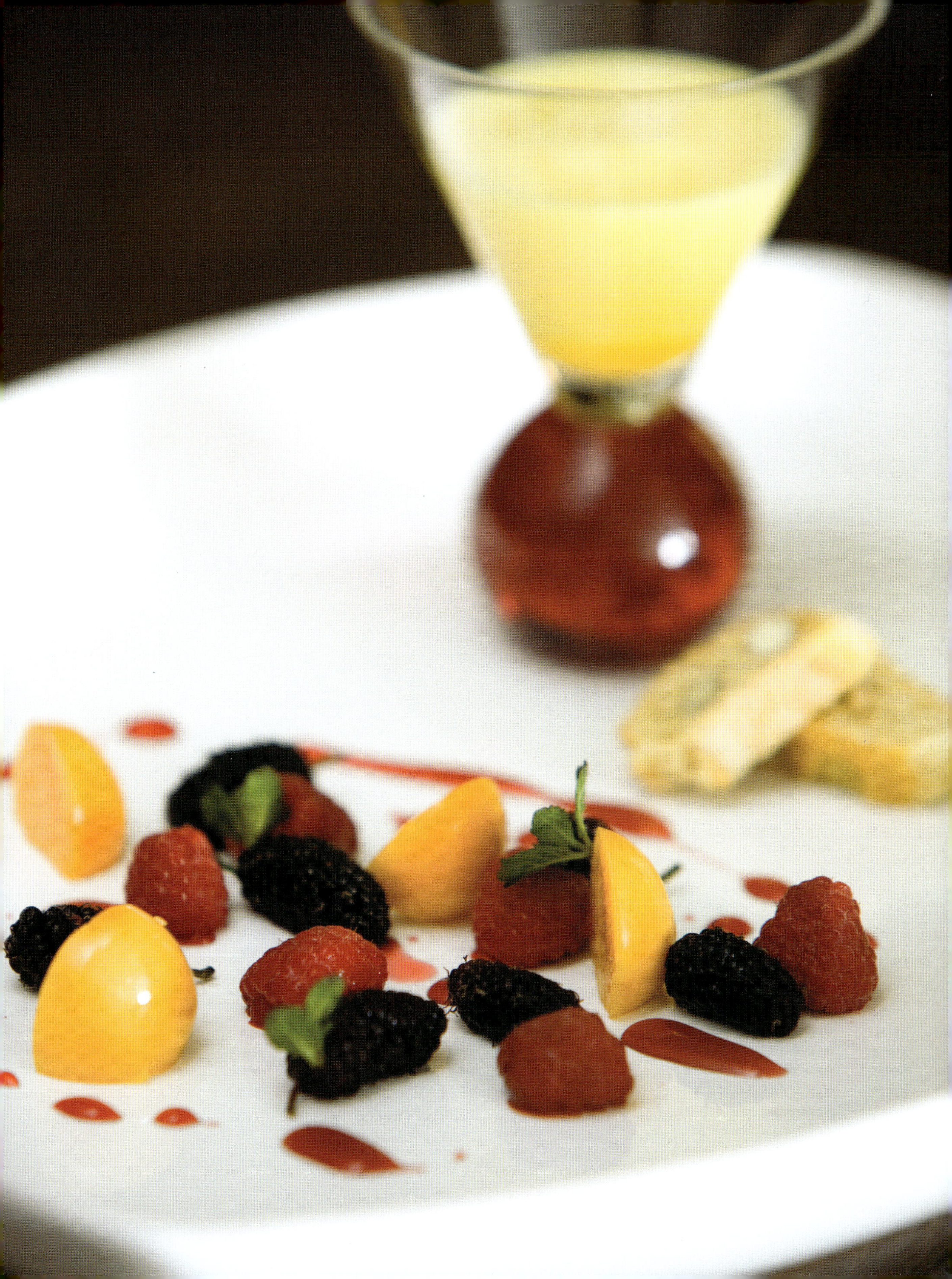

Lúcia Velloso Verginelli

Escalope de foie gras ao molho de cerveja preta

2 porções

- 200 g de escalope de foie gras
- 60 g de açúcar
- 50 g de damascos
- 20 g de manteiga sem sal
- 20 g de açúcar
- 200 ml de cerveja preta
- 1 maçã
- Sal e pimenta-do-reino a gosto
- Canela em pau e cravo-da-índia a gosto
- Flor de sal, para finalizar

1 Tempere o foie gras com sal e pimenta-do-reino moída. **2** Risque-o com uma faca afiada e reserve na geladeira. **3** Coloque a cerveja preta com o açúcar em fogo brando para reduzir e ficar em ponto de nappé médio; reserve. **4** Coloque as passas de molho na água morna durante 5 minutos, coe e reserve. **5** Corte a maçã e os damascos em brunoise e salteie em uma frigideira com manteiga e açúcar, durante 2 minutos; reserve. **6** Em outra frigideira, coloque um pouco de manteiga e grelhe até ficar dourado. **7** Faça 2 quenelles médias com as frutas cortadas em brunoise.

montagem

1 Coloque no centro do prato o escalope, uma quenelle de cada lado e a redução de cerveja na parte frontal e lateral. **2** Salpique um pouco de flor de sal.

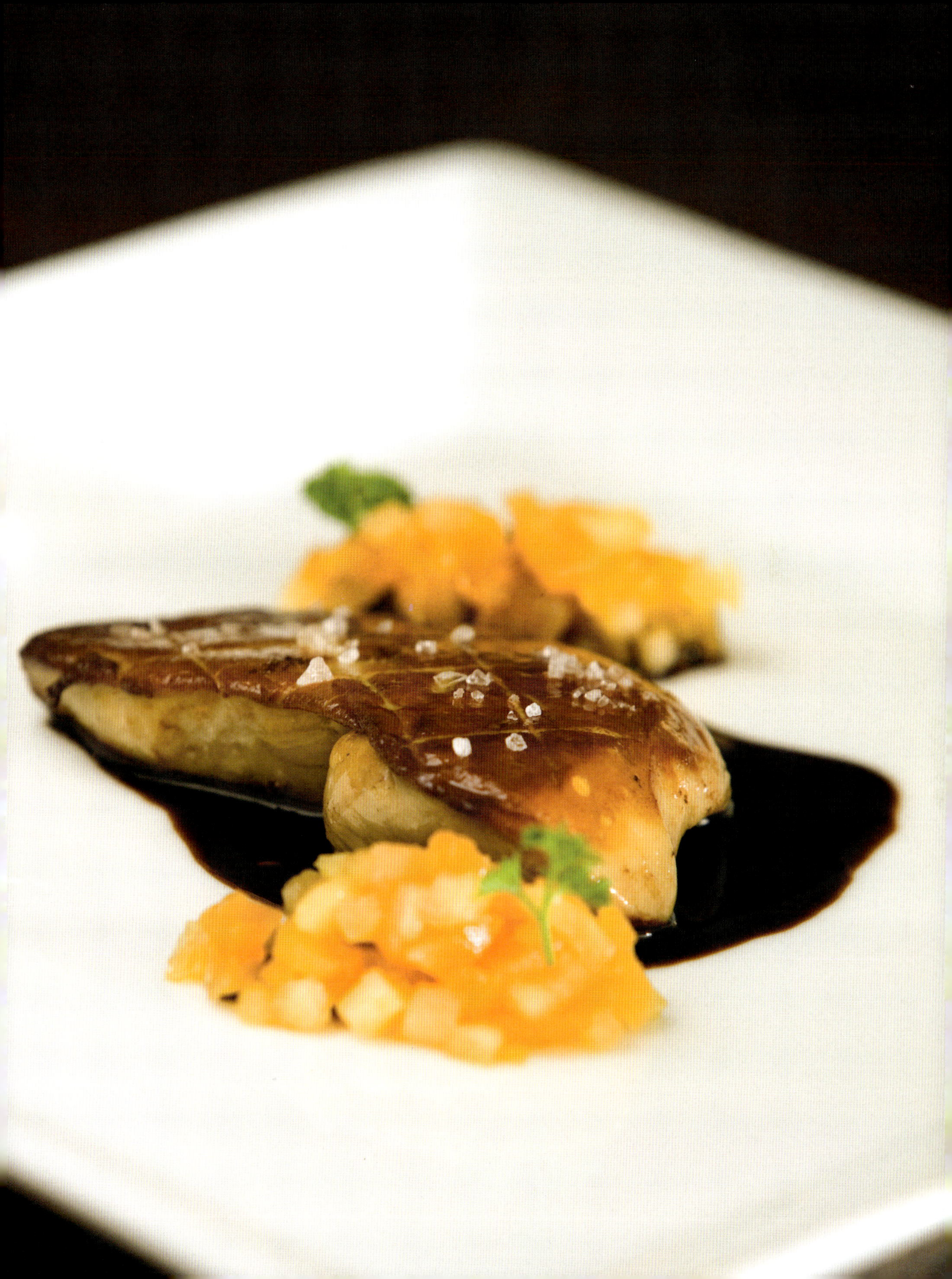

Lúcia Velloso Verginelli

Magret de pato com figo poché

2 porções

magret de pato
- 1 peito de pato desossado (200 g)
- 1 cálice de conhaque
- Sal e pimenta-do-reino a gosto

mousseline de couve-flor
- 500 ml de leite integral
- 200 ml de creme de leite fresco
- 1 couve-flor pequena
- Sal e pimenta-do-reino e noz-moscada a gosto

figo poché
- 100 ml de vinho tinto
- 50 ml de conhaque
- 30 ml de aceto balsâmico
- 2 colheres (sopa) de mel
- 4 figos frescos
- Sal e pimenta-do-reino, canela e noz-moscada a gosto

glacê
- 20 g de açúcar
- 100 ml de demi-glacé
- 50 ml de vinho tinto
- 10 ml de conhaque
- Ervas, alecrim e milho a gosto

figo poché
1 Misture todos os ingredientes; coloque em uma assadeira. **2** Cubra com papel-filme e coloque na geladeira durante 24 horas. **3** Asse em forno baixo durante 15 minutos.

mousseline de couve-flor
1 Tire da couve-flor pequenos buquês, sem os talos. **2** Coloque para cozinhar no leite, adicione sal, pimenta-do-reino moída e noz-moscada. **3** Passe na peneira e, em seguida, coloque em uma panela em fogo brando; adicione o creme de leite e deixe apurar até que fique cremosa; reserve.

glacê
Misture todos os ingredientes e leve ao fogo baixo até que fique levemente firme; reserve.

magret de pato
1 Passe uma faca afiada sobre a pele do pato, criando quadrados e tomando o cuidado para não atingir a carne. **2** Tempere os dois lados do peito com o sal e a pimenta-do-reino moída na hora. **3** Coloque o magret na sauteuse fria e sem nenhum óleo. **4** Acenda o fogo baixo para que a gordura derreta lentamente e para que a pele fique bem à pururuca. **5** Retire o excesso de gordura, aumente bem o fogo e vire o peito do pato; frite por mais 3 minutos em fogo alto. **6** Flambe com o conhaque e deixe que pegue fogo para evaporar o álcool, assim a carne ficará tostada, suculenta e ao ponto.

montagem
Em um prato de mesa, coloque o magret fatiado em forma de leque; do lado direito do mesmo, faça um movimento com a mousseline de couve-flor, coloque os figos poché sobrepostos na outra extremidade e finalize com o glacê.

Receitas da chef **Lúcia Velloso Verginelli**, do Buffet Luana Gastronomia e Eventos, de São Paulo, SP.

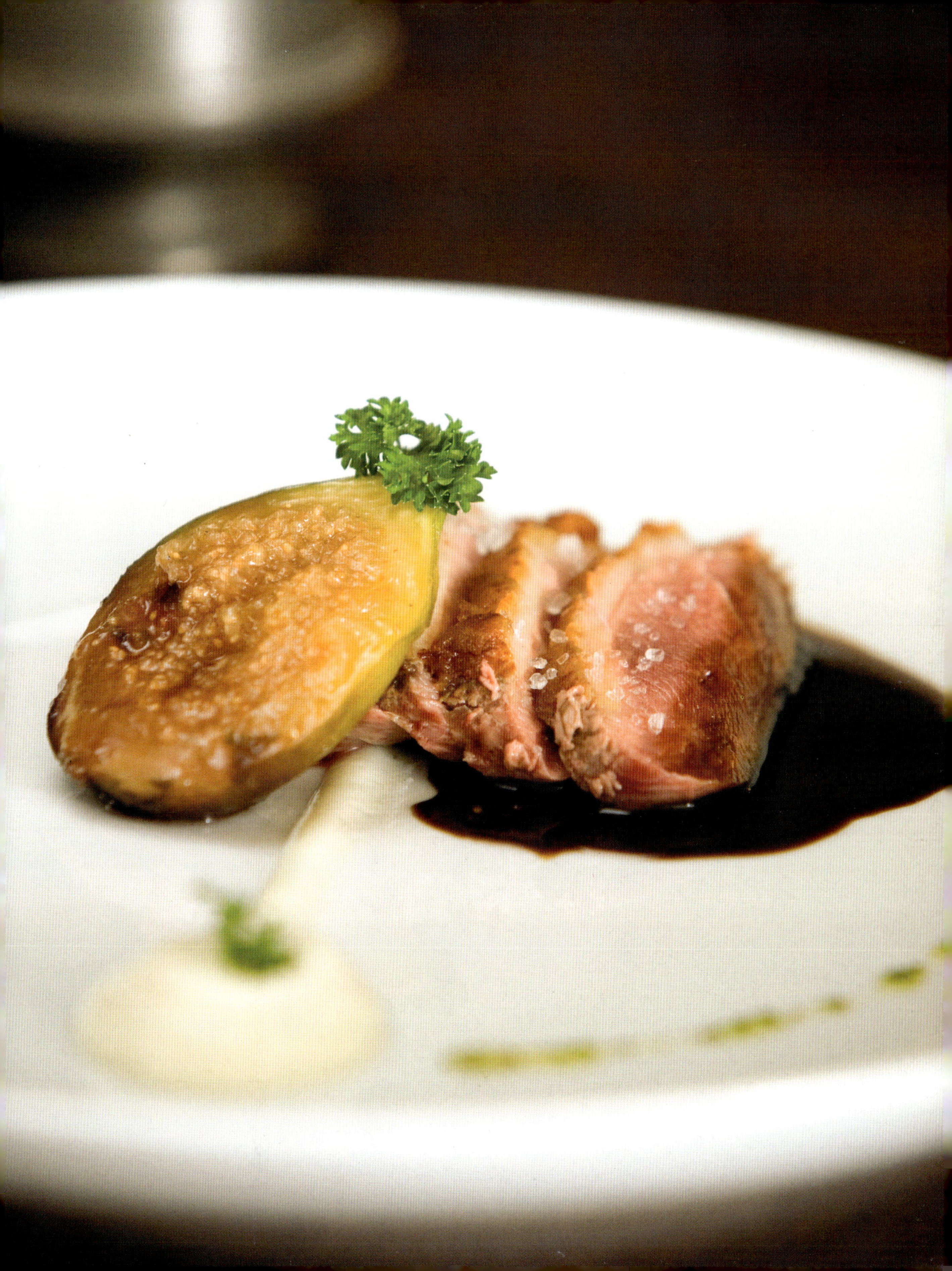

Paulo Pereira

Comandando a cozinha da tradicional Di Cunto, uma das principais docerias de São Paulo, o chef Paulo Pereira é um entusiasta do Gastronomia Solidária. Ele tem razões de sobra para isso, já que trabalha em uma casa que zela pela gastronomia desde 1935, sempre respeitando a cultura da boa mesa. Importante ressaltar que a Di Cunto também apoiou o projeto desde o início. "Aceitei participar desse projeto como parte de mais uma meta na minha vida. Fiquei motivado e assumi a proposta de conciliar minha vida profissional com o trabalho social", conta Paulo Pereira. "Acredito bastante nessa parceria porque sinto no grupo um compromisso com o projeto, o que nos dá ânimo a seguir nessa caminhada, com o objetivo de sempre evoluir. Fico feliz em fazer parte dessa história."

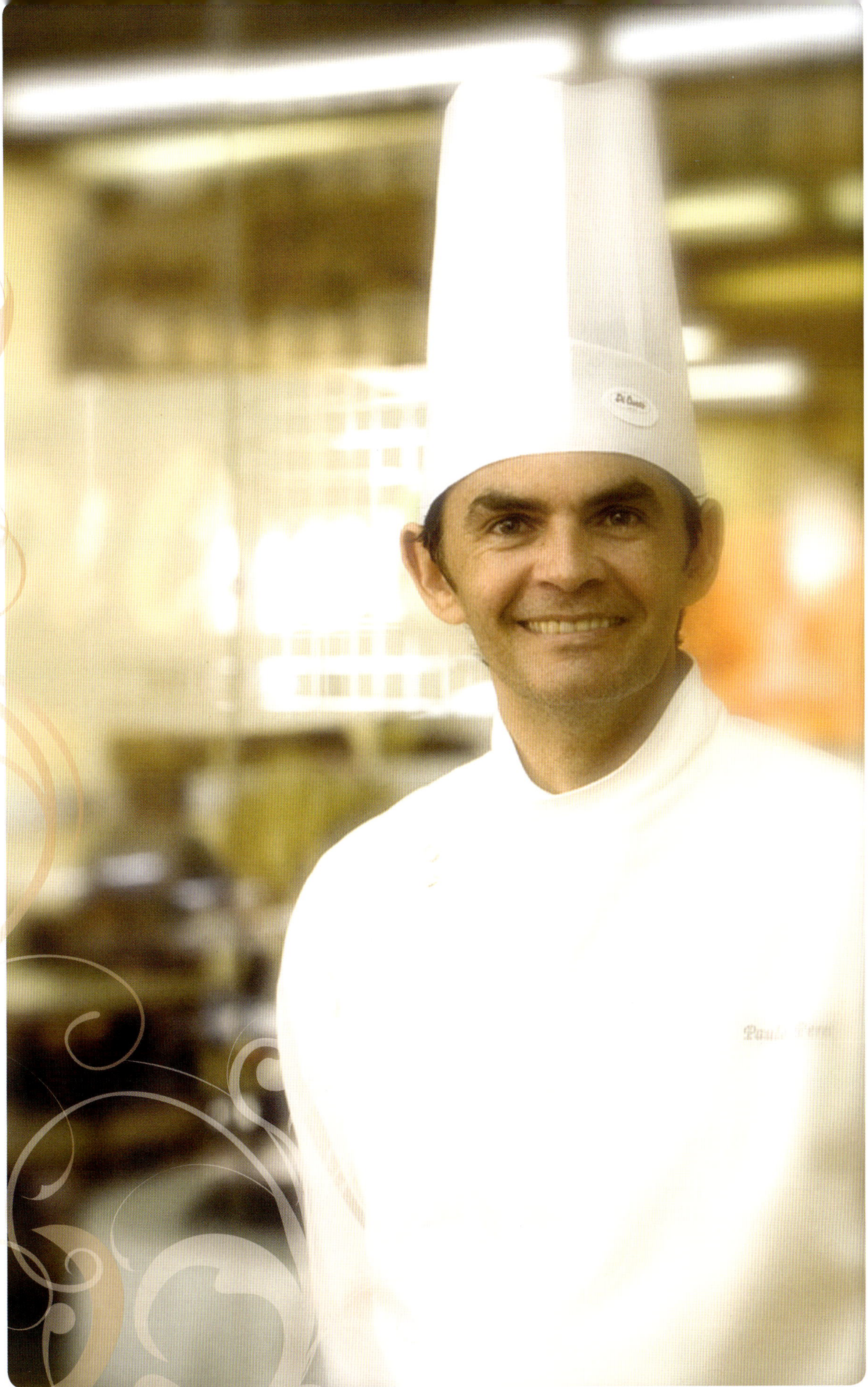

Lasanha de berinjela

2 porções

- 250 gramas de queijo parmesão ralado
- 150 g de massa para lasanha
- 150 g de berinjela
- 50 g de mussarela ralada
- 50 g de queijo fresco ralado
- 150 ml de molho bechamel
- 100 ml de molho ao sugo

óleo para fritar

1 Retire o miolo da berinjela e corte-a em cubos com 1 cm de diâmetro; frite-a em óleo quente; reserve. **2** Cozinhe a massa al dente. **3** Em um refratário, intercale a massa e o recheio em quatro camadas – para cada camada, molho bechamel sobre o recheio. **4** Finalize com molho ao sugo e com um pouco do parmesão. **5** Leve para assar por 30 minutos ou até que o queijo derreta. **6** Sirva com os cubos de berinjela por cima.

Salada caprese

2 porções

molho

- 150 ml de azeite extravirgem
- 50 ml de água mineral
- 30 folhas de manjericão
- 1 dente de alho
- Sal a gosto

salada

- 1 tomate
- 1 maço de manjericão
- 100 g de mussarela de búfala laminada
- Alface americana, roxa e radicchio a gosto

molho

1 Amasse o alho com o sal e o manjericão. **2** Quando virar uma pasta acrescente o azeite e a água; reserve.

salada

1 Fatie o tomate em quatro partes e tempere com o molho, intercalando com as folhas de manjericão e as lâminas da mussarela. **2** Arrume num canto do prato e, ao lado, coloque as folhas. **3** Finalize com um pouco do molho por cima.

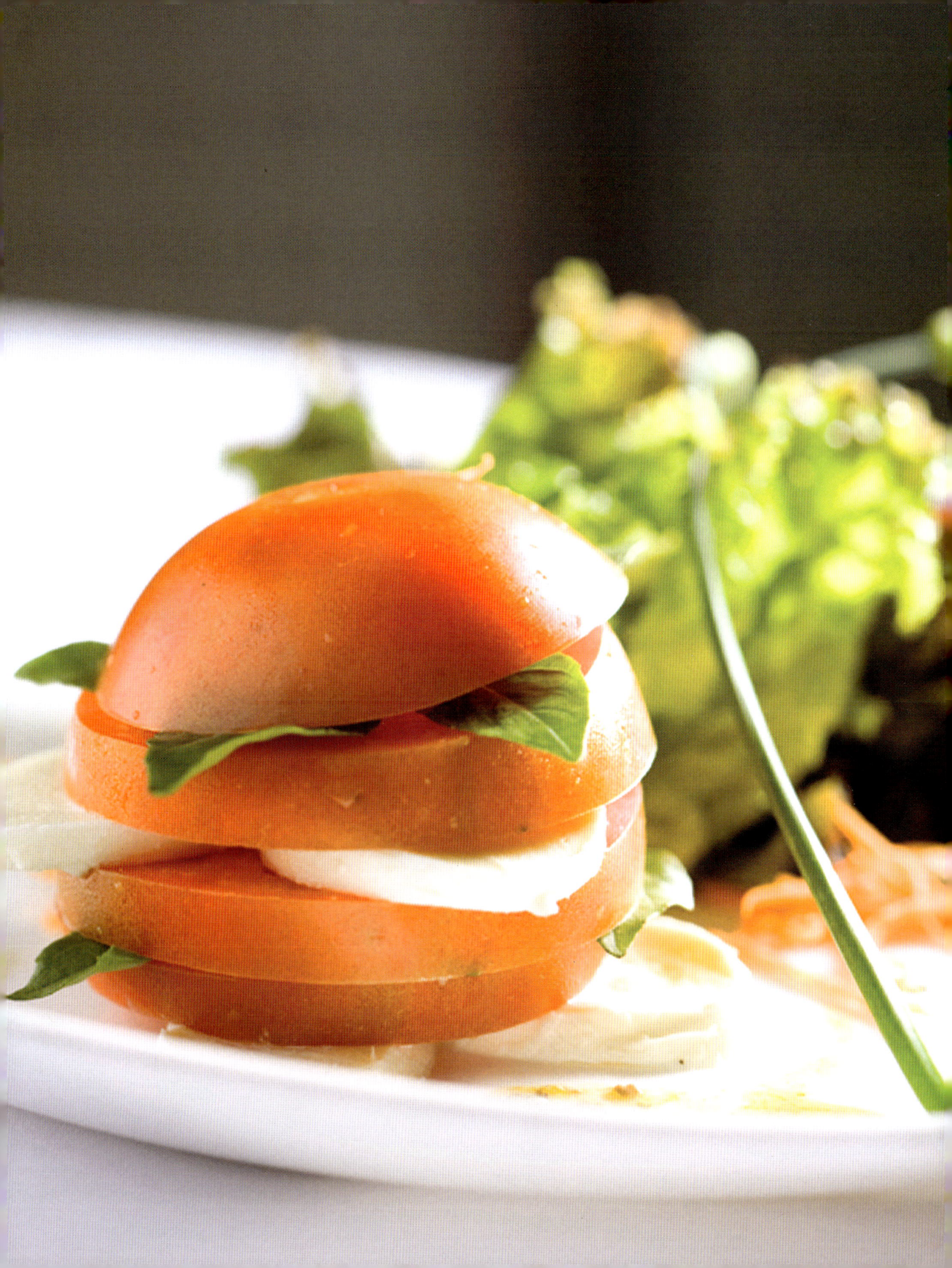

Paulo Pereira

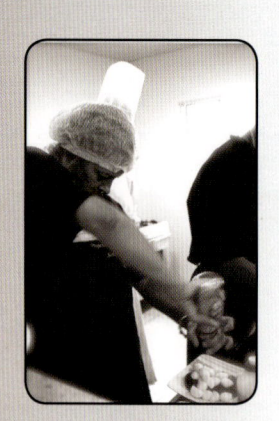

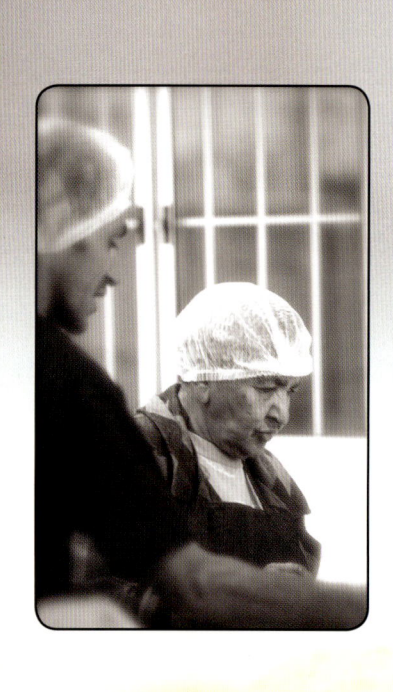

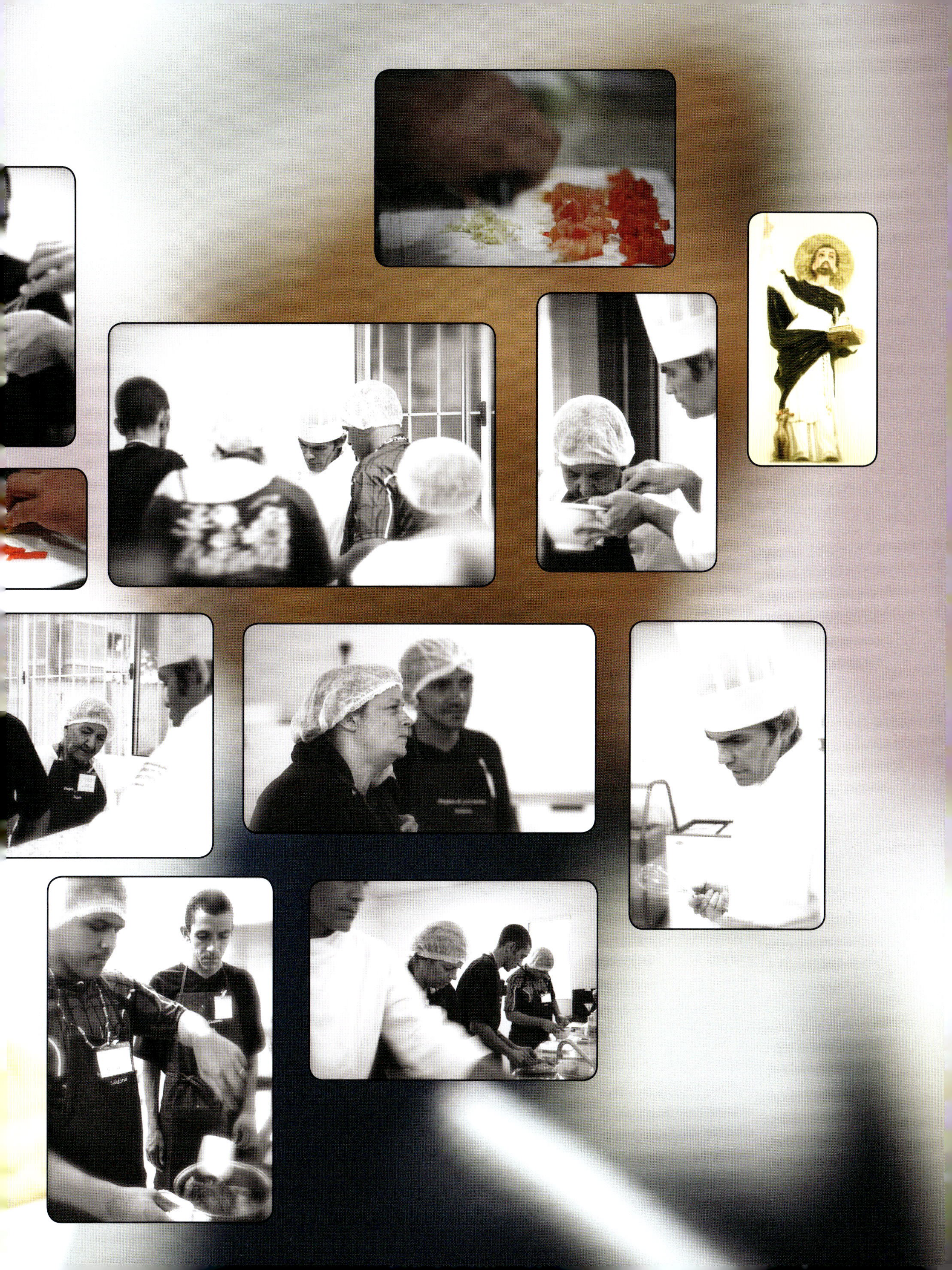

Truta à la Di Cunto

2 porções

molho

- 100 g de camarões pequenos
- 50 g de alcaparras
- 100 ml de vinho branco seco
- 100 ml de azeite
- Suco de meio limão

peixe

- 200 g de mistura de farinha de trigo e farinha de rosca, para empanar
- 1 truta (de 400 g)
- 150 ml de vinho branco seco
- Sal e pimenta-do-reino a gosto
- Óleo para fritar

molho

1 Misture os ingredientes, exceto o camarão; aqueça. **2** Adicione os camarões e cozinhe por poucos instantes, até que fiquem esbranquiçados.

peixe

1 Corte a truta em cruz, deixando 4 filés do mesmo tamanho. **2** Tempere com o sal e a pimenta. **3** Deixe-os um pouco de molho no vinho. **4** Escorra, empane, frite; reserve. **5** Coloque em um prato, jogue o molho por cima; sirva.

Espaguete al sugo

2 porções

- 200 g de espaguete cozido
- 80 g de queijo parmesão ralado

molho

- 150 g de tomates cortados em cubos sem pele e sem sementes
- 100 g de cebolas picadas
- 150 ml de polpa de tomate
- 100 ml de óleo de milho
- 1/2 colher (sopa) de açúcar
- 1 maço de manjericões picados
- 1 dente de alho
- Sal a gosto

1 Em uma frigideira, coloque o óleo, aqueça-o e acrescente a cebola e o alho. **2** Deixe dourar; coloque o tomate em cubos; ferva até começar a desmanchar, cerca de 20 minutos. **3** Acrescente a polpa e deixe ferver mais 10 minutos. **4** Acerte o sal e a acidez com o açúcar. **5** Finalize com manjericão fresco.

montagem

1 Arrume o espaguete no centro de um prato, em formato de ninho. **2** Coloque o molho sobre a massa e finalize com o queijo ralado.

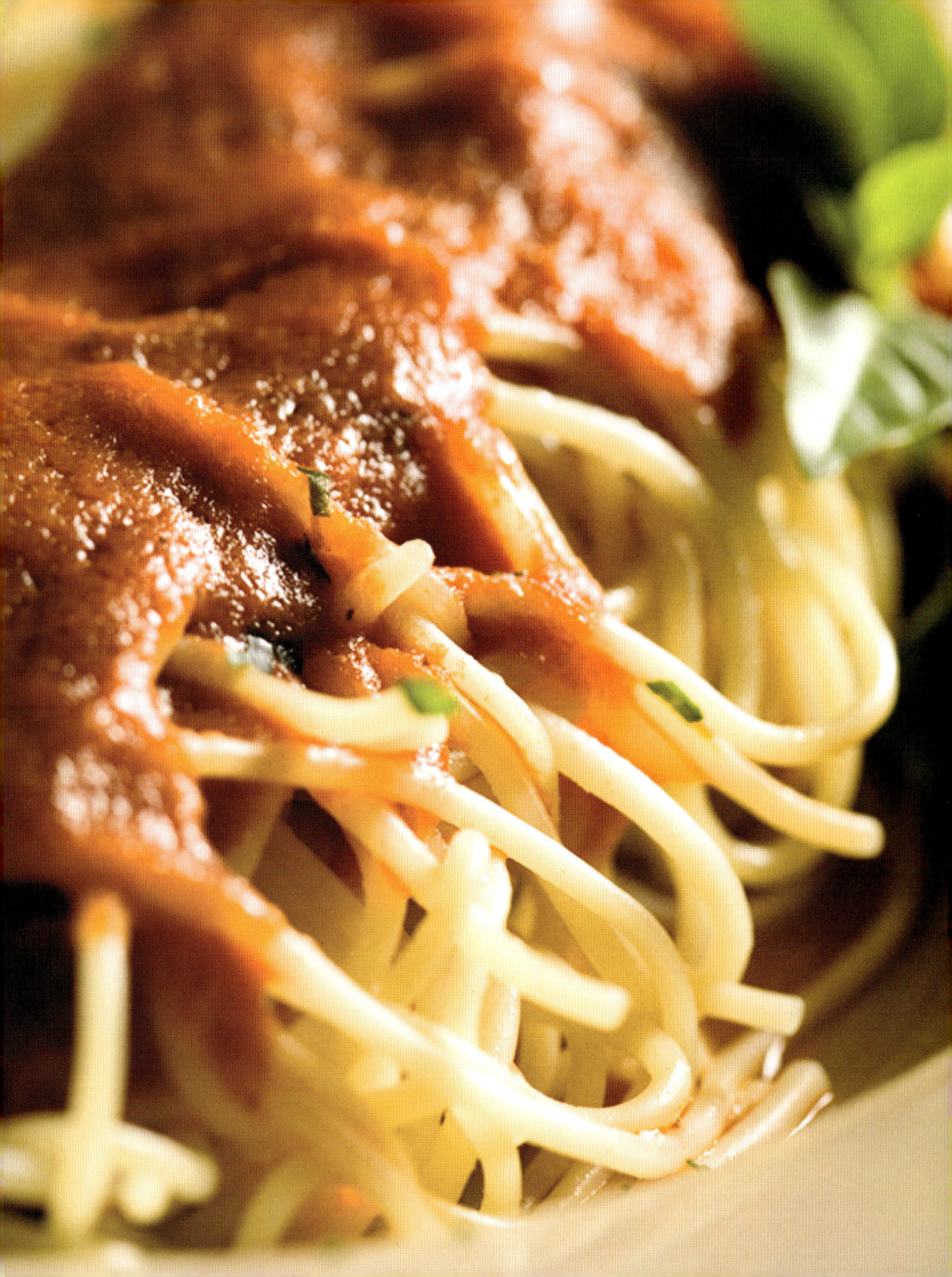

Brandade de bacalhau

2 porções

- 300 g de bacalhau dessalgado e desfiado
- 200 g de purê de batatas
- 150 g de queijo parmesão ralado
- 100 g de pimentão verde, vermelho e amarelo
- 50 g de cebolas picadas
- 50 g de cebola
- 150 ml de azeite
- 1 dente de alho

1 Misture o purê de batatas com queijo parmesão até obter uma massa homogênea; reserve.
2 Em uma frigideira, coloque o azeite e frite a cebola e o alho.
3 Adicione o bacalhau, os pimentões cortados em tiras finas e salteie.

montagem

Com a ajuda de um aro, monte a receita no prato, intercalando camadas de purê e de bacalhau, sendo que a última deve ser de purê; finalize com o queijo ralado; gratine.

Receitas do chef **Paulo Pereira**, do Restaurante e doceria Di Cunto, de São Paulo, SP.

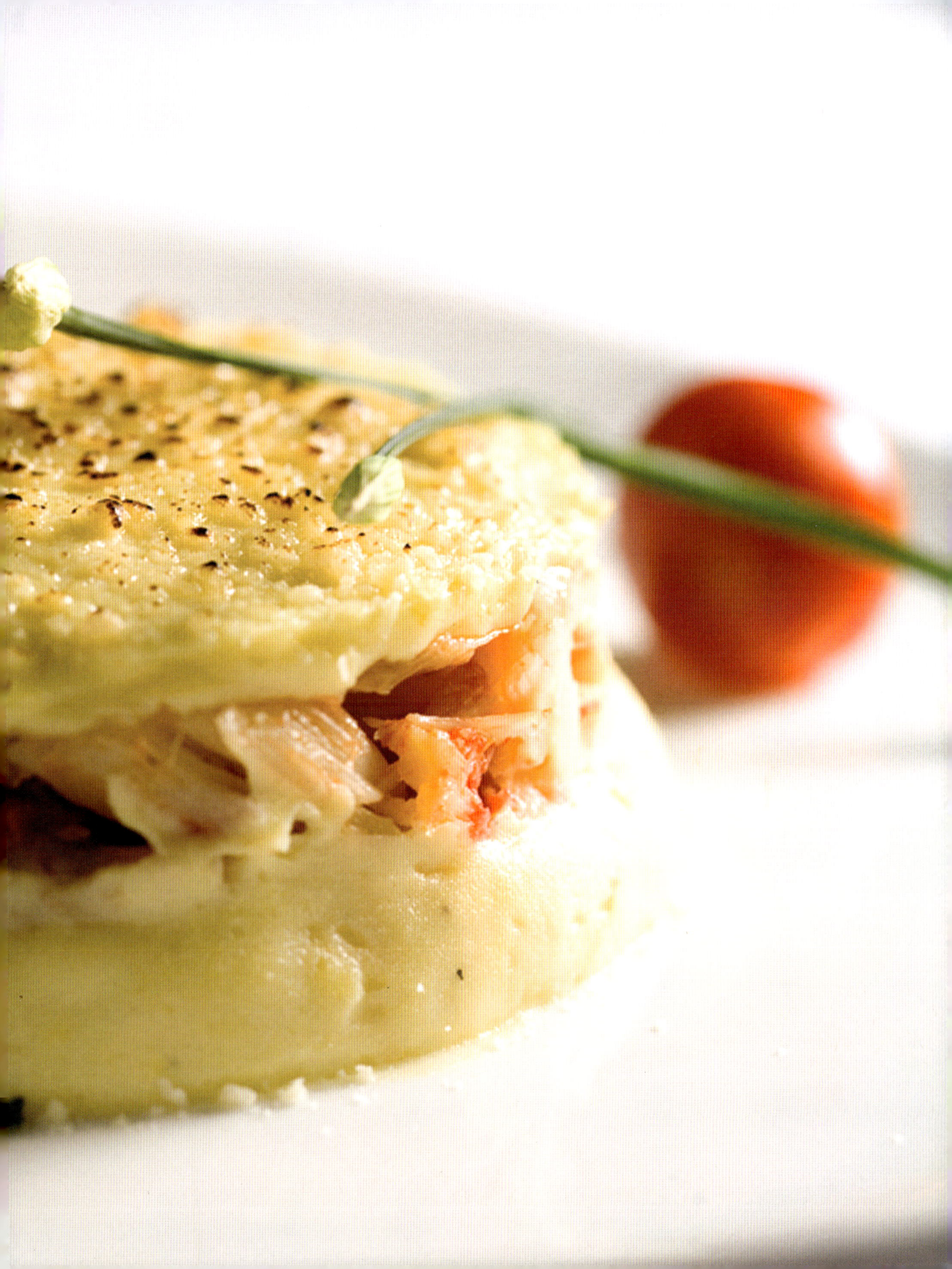

Rodrigo Oliveira

Rodrigo Oliveira, um dos chefs mais badalados do momento, se orgulha em dizer que viveu quase toda a vida na Vila Medeiros, onde comanda o Restaurante Mocotó. "Apenas aos 23 anos, fui a um restaurante, não sabia nem usar guardanapo de pano", conta. "Eu não tinha noção de que vivia numa cidade tão grande, com tantas opções de estabelecimentos." Mesmo com o sucesso atual, Oliveira continua a mesma pessoa humilde, portanto profissional perfeito para participar deste Gastronomia Solidária.

O chef, hoje com 28 anos, pai de uma linda menina, Nina Maria, procura resgatar a essência da culinária nordestina. Foi pelas mãos de uma namorada que Rodrigo conheceu a gastronomia. "O irmão dela era estagiário de um bistrô e me contava sobre seu trabalho, sobre as aulas que tinha, e eu me encantei." O cunhado em questão, que na época era estudante, é hoje o comentado chef Luiz Emanuel, do restaurante Allez, Allez!, em São Paulo. "Ele me emprestava os livros, mas eu achava a profissão muito distante da minha realidade."

"Hoje, participar de um projeto como esse e ajudar a mudar a vida de algumas pessoas é uma experiência única e que me faz refletir que todos podemos fazer algo para mudar nosso país."

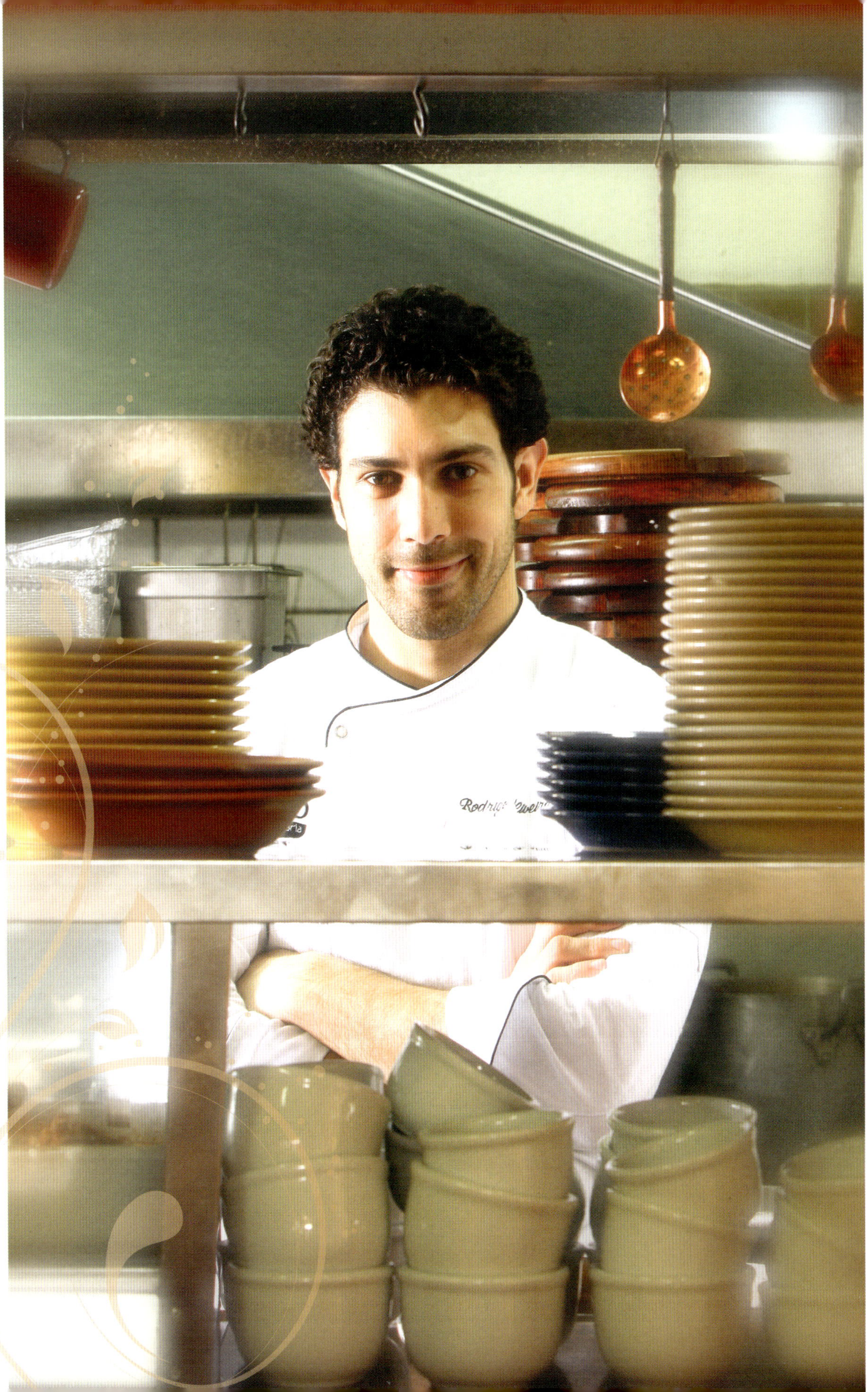

Torresmo defumado

12 porções

- 5 kg de barriga com carne
- 350 g de sal grosso
- 75 g de bicarbonato
- 3 litros de água
- Óleo para fritar

1 Corte a barriga em tiras de 3 cm e deixe na geladeira, por 1 noite, de molho na salmoura, com bicarbonato. **2** Escorra e pendure no defumador, por 6 h, a 60 °C; o próprio suco da carne em contato com o aquecimento vai produzir no torresmo uma leve defumação. **3** As tiras de barriga ficarão rígidas e douradas; corte-as em pedaços de 5 cm, descartando as pontas e retirando o excesso de gordura. **4** Frite, por 20 minutos, a 150 °C e, depois, a 200 °C, para ficar à pururuca.

Risoto de carne-seca com abóbora

4 porções

- 400 g de arroz arbóreo
- 250 g de carne-seca cozida e desfiada
- 150 g de abóbora ralada com a casca
- 80 g de queijo de coalho ralado
- 50 g de manteiga gelada
- 2 litros de caldo de galinha ou de legumes
- 30 ml de manteiga de garrafa
- 30 ml de cachaça
- 12 tomates-cereja
- 3 dentes de alho picados
- 1 pimenta dedo-de-moça picada
- 1 cebola picada
- Sal, pimenta e cheiro-verde a gosto

1 Em uma panela de fundo grosso, refogue o alho e a cebola na manteiga de garrafa; junte o arroz e mexa bem. **2** Adicione a cachaça e, em seguida, junte o caldo aos poucos, mexendo sempre. **3** Quando o arroz estiver quase cozido, junte a abóbora e a carne-seca; cozinhe um pouco mais. **4** Quando arroz estiver al dente, retire a panela do fogo e adicione a pimenta, o queijo, a manteiga e os tomatinhos; mexa bem. **5** Tempere com sal e pimenta; finalize com o cheiro-verde a gosto.

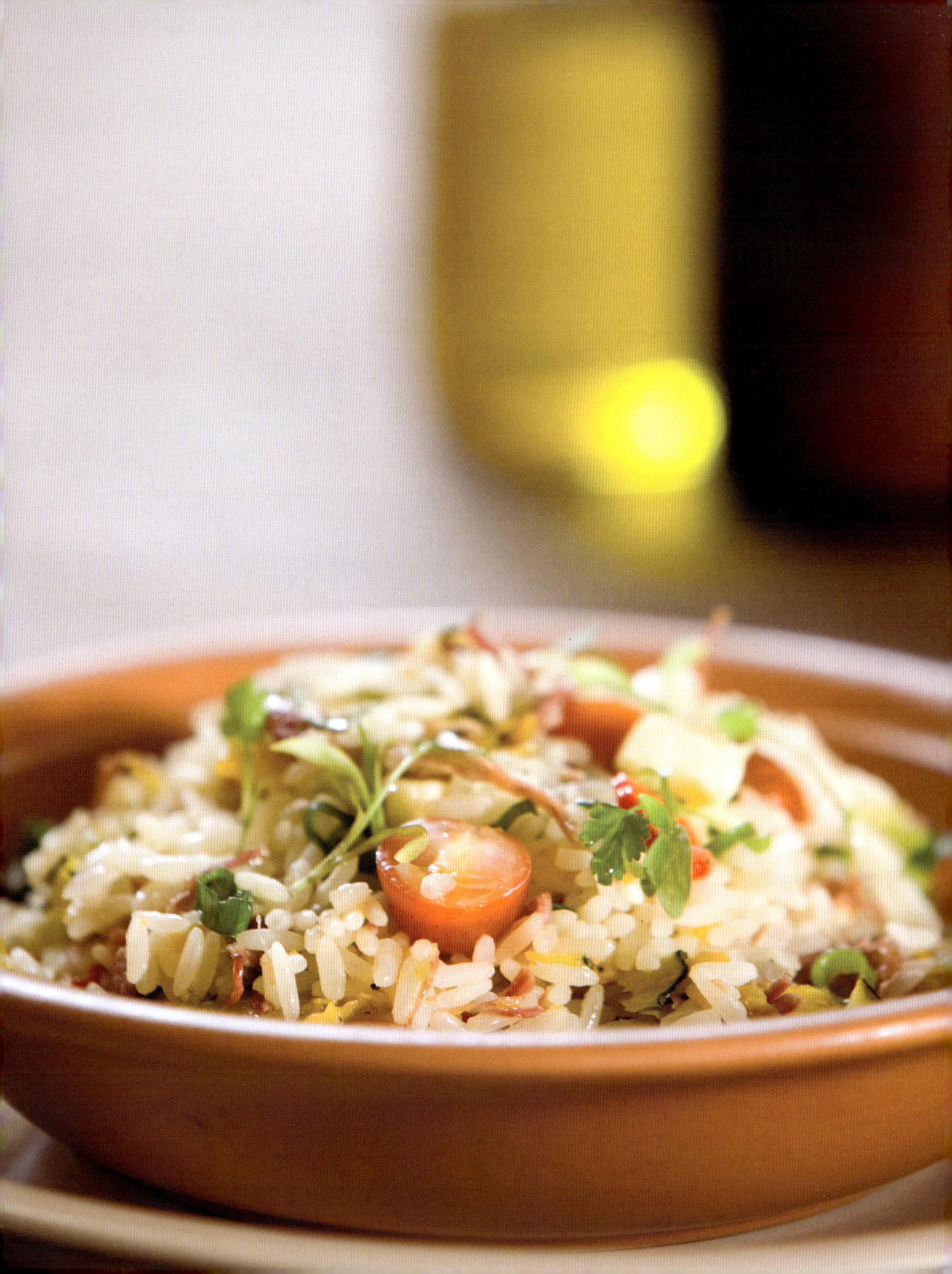

Baião de dois

8 porções

arroz

- 1 kg de arroz
- 30 g de manteiga de garrafa
- 5 g de colorau
- 5 dentes de alho
- 3 folhas de louro
- Caldo de galinha ou legumes
- Sal a gosto

molho

- 1 kg de feijão-fradinho cozido e escorrido
- 200 g de carne-seca cozida e desfiada
- 100 g de toucinho defumado em cubos
- 100 g de linguiça defumada em cubos
- 100 g de queijo de coalho
- 50 g de manteiga de garrafa
- 2 tomates em cubos
- 1 cebola roxa em cubos
- 1 pimentão verde em cubos
- Coentro fresco

arroz

1 Frite o alho na manteiga de garrafa e, antes de dourar, junte o arroz; mexa bem. **2** Junte o caldo fervente, o louro, o colorau e deixe cozinhar tampado até os grãos ficarem macios; reserve.

molho

1 Frite o toucinho na própria gordura e, quando começar a dourar, junte a linguiça e a carne-seca, mexendo por mais alguns instantes; reserve. **2** Na mesma panela, aqueça rapidamente a cebola, o pimentão e os tomates. **3** Misture todos os ingredientes, acerte o sal e finalize com o cheiro-verde e a manteiga de garrafa; sirva com vinagrete de cebola-roxa e pimenta fresca.

Bolinho de tapioca com queijo de coalho

6 porções

- 500 g de tapioca granulada
- 500 g de queijo de coalho ralado
- 50 g de manteiga
- 18 g de sal
- 1 litro de leite quente
- 1 pitada de pimenta branca

1 Misture bem a tapioca, o queijo, a manteiga, o sal e a pimenta. **2** Junte o leite quente e mexa bem para que não se formem grumos. **3** Quando a mistura começar a firmar, despeje em uma assadeira e refrigere. **4** Corte em cubos e frite por imersão a 180 °C até dourar; sirva com geleia de pimenta.

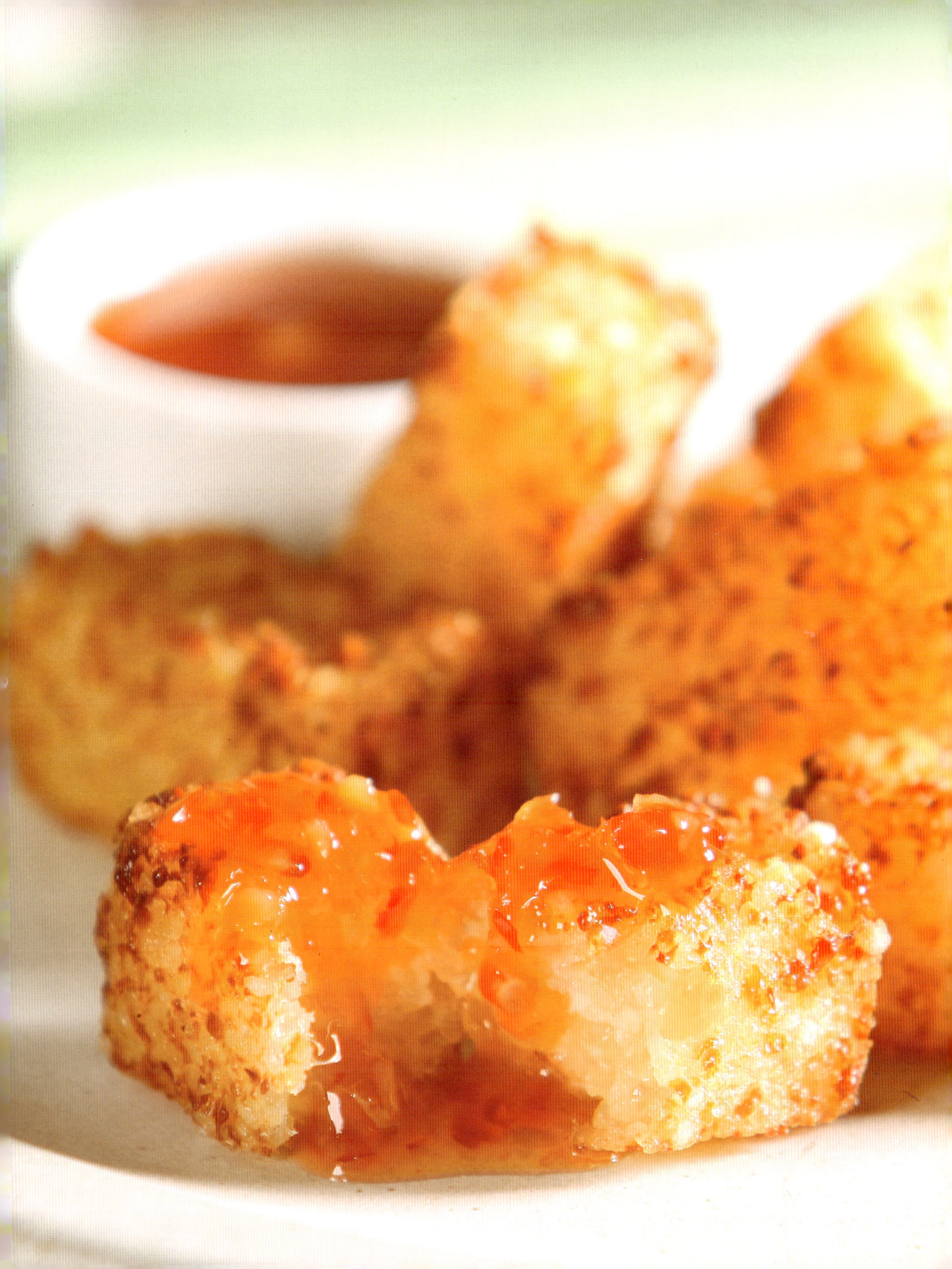

Caldo de mocotó

12 porções

- 1 litro de caldo de galinha caseiro
- 20 ml de vinagre de maçã
- 100 g de farinha de trigo
- 10 g de colorau
- 1 pé de boi (mocotó)
- 1 limão
- 1 cebola
- 3 tomates
- 1 pimentão
- 5 dentes de alho
- Sal e pimenta a gosto
- Louro
- Cominho
- Cebolinha verde
- Coentro

1 Lave bem o pé de boi, esfregando-lhe um limão; leve à panela de pressão com bastante água e algumas folhas de louro; cozinhe até que a carne esteja derretendo, saindo dos ossos. **2** Descarte a camada de gordura que se forma na superfície; tire os ossos, corte os pedaços de carne maiores e junte ao caldo. **3** Bata no liquidificador, com 500 ml de caldo de galinha, o alho, os tomates, a cebola e o pimentão, o colorau e o vinagre, junte ao caldo do mocotó; deixe ferver. **4** Dissolva a farinha em 500 ml de caldo de galinha, bata no liquidificador e junte ao caldo lentamente para não empelotar; deixe cozinhar por mais 20 minutos. **5** Tempere com cominho, sal e pimenta a gosto; junte o cheiro-verde (indispensável) e sirva com pimenta e limão à parte.

Escondidinho de carne-seca

6 porções

- 1 kg de mandioca cozida
- 500 g de carne-seca cozida e desfiada
- 350 g de requeijão
- 250 ml de leite
- 50 g de manteiga de garrafa
- 50 g de queijo de coalho ralado
- 50 g de manteiga
- 2 unidades de cebola roxa em rodelas finas
- Sal e pimenta branca a gosto

1 Amasse a mandioca com um espremedor de batatas e retire os fios. **2** Junte o leite aos poucos até obter um purê firme. **3** Finalize com manteiga, pimenta branca e sal; reserve. **4** Puxe a carne-seca na manteiga de garrafa e cebola roxa; reserve.

finalização

1 Espalhe uma camada fina de purê no fundo de uma assadeira. **2** Distribua uniformemente o recheio de carne-seca. **3** Cubra com o requeijão e, por cima, ponha o restante do purê. **4** Finalize com o queijo de coalho ralado e asse a 200 °C até dourar; sirva com uma salada simples de folhas, tomate e cheiro-verde.

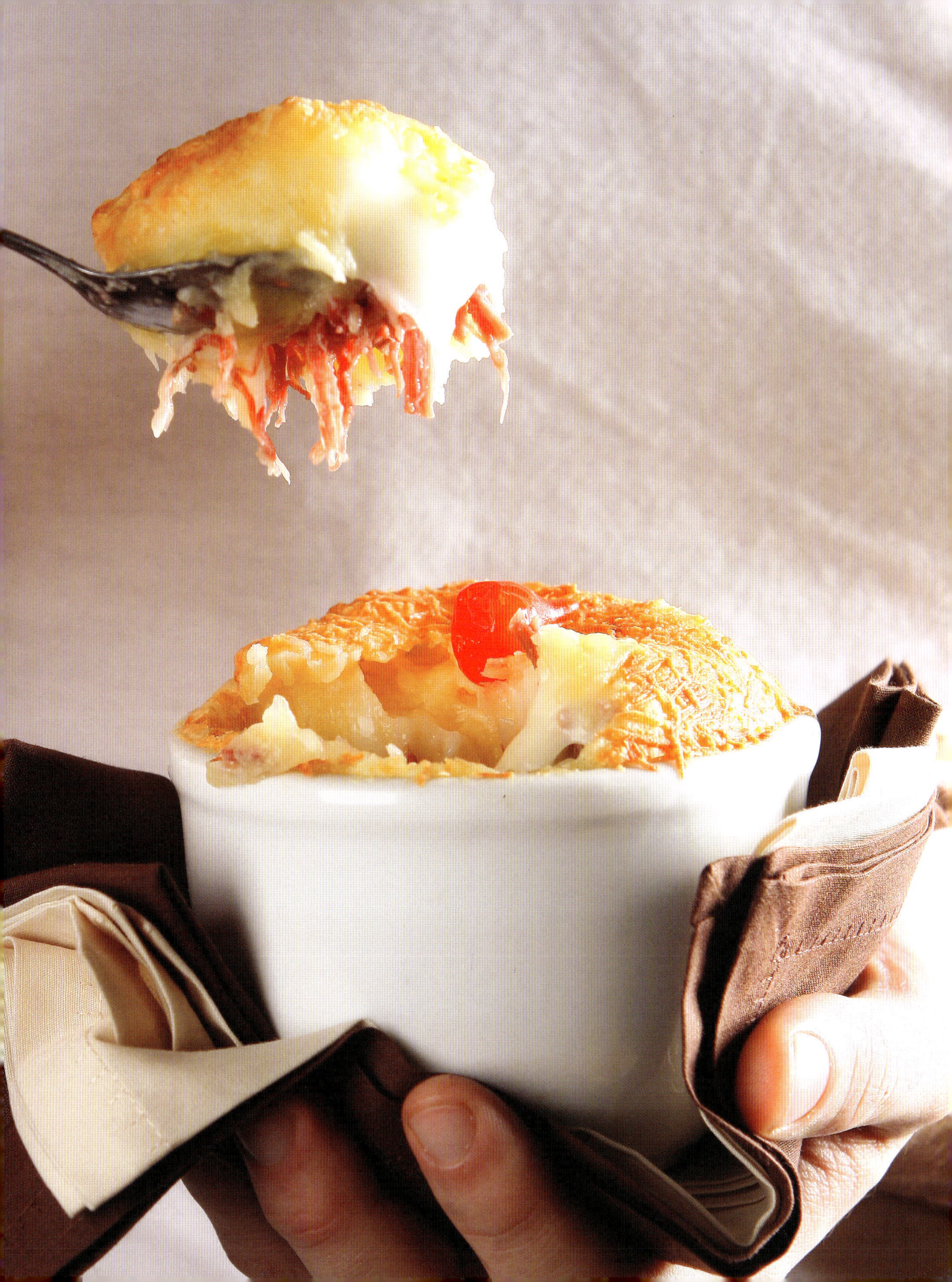

Rodrigo Oliveira

Pudim de tapioca com calda de coco

8 porções

pudim

- 75 g de tapioca granulada
- 375 ml de creme de leite fresco
- 200 ml de leite de coco
- 100 ml de leite
- 1 lata de leite condensado
- 2 ovos
- 2 gemas

calda para a fôrma

- 200 g de açúcar
- 70 ml de água

calda de coco

- 500 g de açúcar
- 100 g de coco fresco ralado
- 200 ml de leite de coco
- 100 ml de água
- Anis-estrelado

1 Hidrate a tapioca com o creme de leite fresco e o leite de coco por pelo menos 2 horas; reserve. **2** Faça um caramelo para a fôrma com o açúcar derretido e a água; espalhe numa fôrma para pudim; reserve. **3** Prepare a calda de coco, caramelizando o açúcar e juntando o anis, a água e o leite de coco; cozinhe até obter o ponto de fio grosso. **4** Aqueça o coco ralado em uma frigideira, mexendo sempre até dourar; junte à calda; reserve. **5** Misture os ovos, as gemas e o leite condensado; mexa bem, coe numa peneira fina; junte à tapioca hidratada. **6** Coloque a mistura na fôrma e asse em banho-maria a 150 °C por 40 minutos ou até firmar. **7** Resfrie o pudim e sirva com a calda quente.

Receitas do chef **Rodrigo Oliveira**, do Restaurante Mocotó, São Paulo, SP.

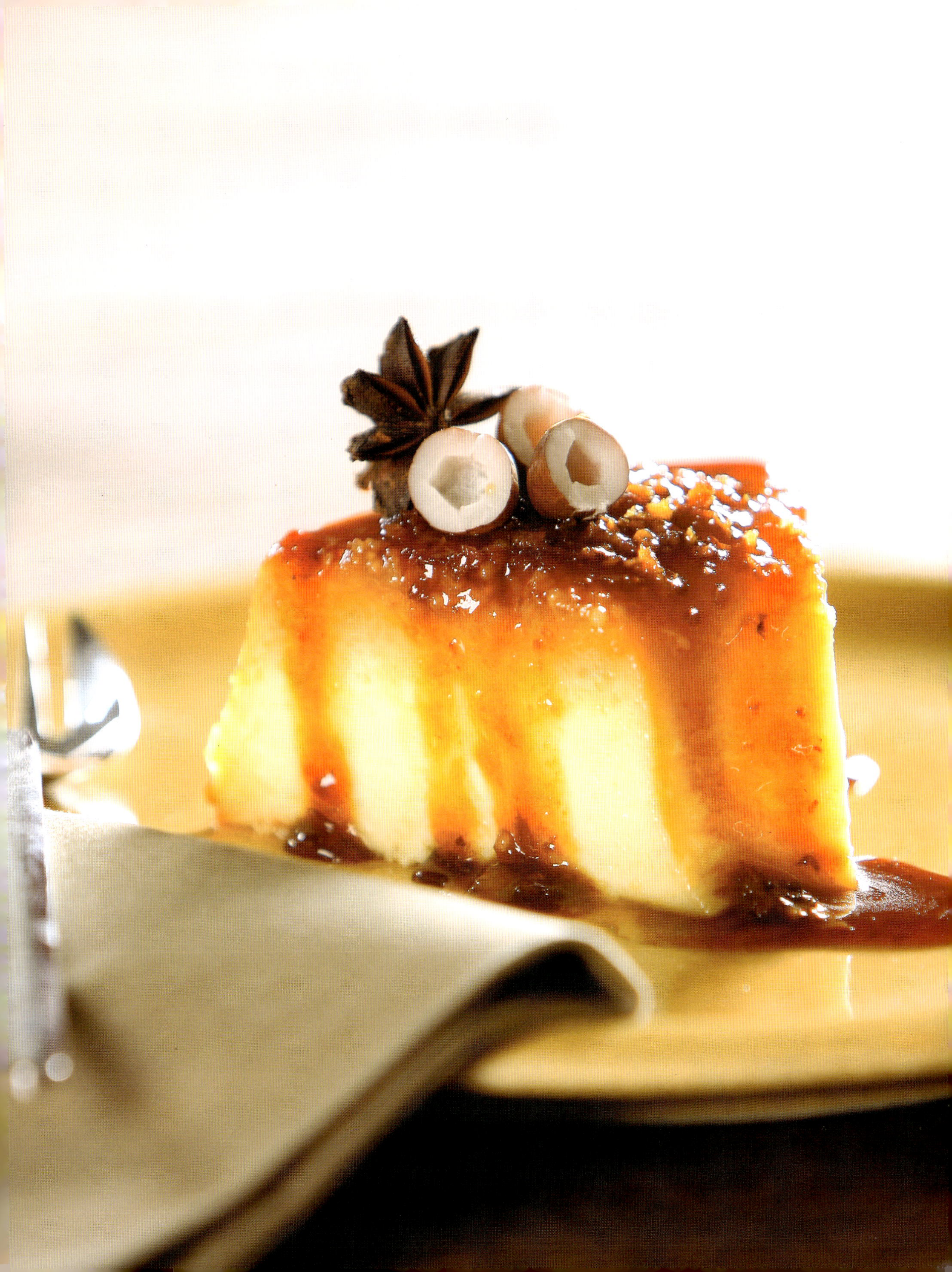

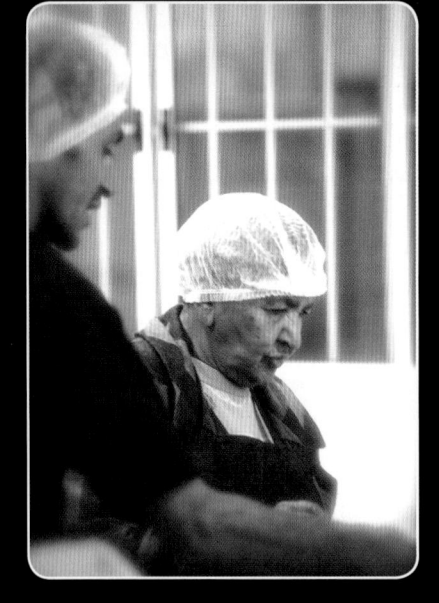

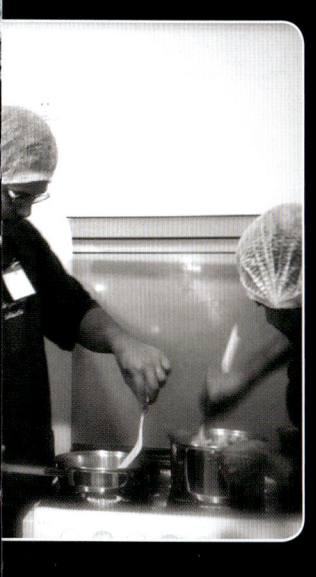

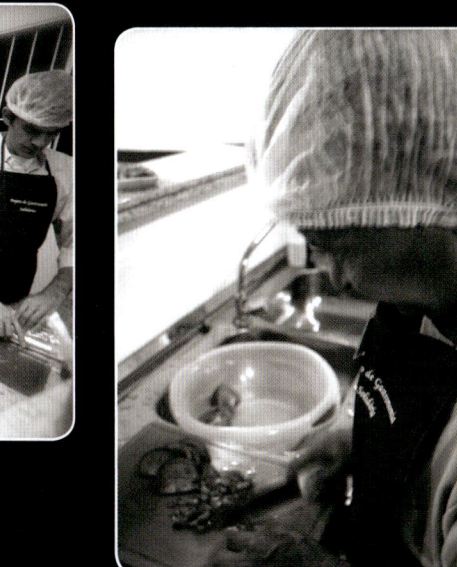

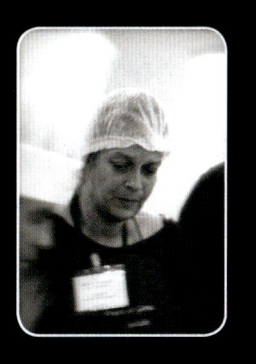

Projeto Gastronomia Solidária

Arte em Bolos
R. João Ramalho, 789, Perdizes, tel. (11) 3675-2082, São Paulo, SP

Brasil a Gosto
R. Professor Azevedo do Amaral, 70, Jardins, tel. (11) 3086-3565, São Paulo, SP;
brasilagosto.com.br

Buffet & Eventos Benê
R. Voluntários da Pátria, 1560, Santana, tel. (11) 2221-0630, São Paulo, SP

Restaurante e Doceria Di Cunto
R. Borges de Figueiredo, 61/103, Mooca, tel. (11) 2081-7100, São Paulo, SP;
dicunto.com.br

Due Cuochi Cucina
R. Manoel Guedes, 93, tel. (11) 3078-8092, São Paulo, SP;
duecuochi.com.br

Luana Gastronomia e Eventos
Av. Paulista, 200, 1º andar, Cerqueira César, tel. (11) 3288 5092, São Paulo, SP

Mocotó
Av. Nossa Senhora do Loreto, 1100, Vila Medeiros, tel. (11) 2951-3056, São Paulo, SP;
mocoto.com.br

Na Cozinha
R. Haddock Lobo, 955, Jardins, tel. (11) 3063-5377, São Paulo, SP;
blognacozinha.zip.net

Vox Editora
R. Dr. Rubens Meirelles, 71, Barra Funda, tel. (11) 3871-7300, São Paulo, SP;
voxeditora.com.br

Para mais informações:
gastronomiasolidaria.com.br
e-mail: sandra.simoes.andrade@uol.com.br